本书是陕西高校哲学社会科学重点研究基地科学研究计划项目
“当代大学生慈善文化及教育研究”（项目编号：15JZ043）的成果

陕西慈善事业发展与当代大学生慈善文化培育研究

王长坤　著

科学出版社
北　京

内 容 简 介

本书在吸收和借鉴中西方优秀慈善文化思想的基础上，对陕西近代慈善事业的发展环境和变迁历程进行了论述，在此基础上，将陕西慈善事业的发展和文化融入高校慈善文化教育中，从慈善主体研究、慈善客体研究、慈善价值研究和理论实践研究等方面出发，提出高校培育慈善文化的发展模式和路径选择。

本书可供中国近代史、文化史等专业师生阅读或参考。

图书在版编目（CIP）数据

陕西慈善事业发展与当代大学生慈善文化培育研究 / 王长坤著. —北京：科学出版社，2019.4

ISBN 978-7-03-060953-3

Ⅰ. ①陕… Ⅱ. ①王… Ⅲ. ①慈善事业－发展－研究－陕西 Ⅳ. ①D632.1

中国版本图书馆 CIP 数据核字（2019）第 056709 号

责任编辑：任晓刚 / 责任校对：贾娜娜

责任印制：张 伟 / 封面设计：楠竹文化

科学出版社出版

北京东黄城根北街 16 号

邮政编码：100717

http://www.sciencep.com

北京中石油彩色印刷有限责任公司 印刷

科学出版社发行 各地新华书店经销

*

2019 年 4 月第 一 版 开本：720×1000 1/16

2019 年 4 月第一次印刷 印张：12

字数：200 000

定价：82.00 元

（如有印装质量问题，我社负责调换）

目　录

绪　论

一、研究的背景与意义

（一）研究背景

慈善的概念，很早以前就有，不过叫法不一样，在中国古代被称为“善举”“善事”等。在中国传统文化中，“慈”是“爱”的意思，“善”是“吉祥、美好”的意思。慈，是指父母对子女的爱；善，是指人和人之间的互助关爱。慈善，是在民间开展的扶贫济困、帮助社会上困难不幸的个人和团体的社会救助活动。慈善的核心是爱，是人类之爱，也是爱天下之人。慈善是以仁爱之心去行善积德，对灾民、贫民及其他生活困难者进行的施舍与救助活动。传统的慈善事业，是指人们在没有外来压力的情况下，自愿地奉献爱心与援助的行为和从事扶弱济贫的一种社会事业，是指众多的社会成员建立在自愿基础上所从事的一种无偿的、对不幸无助人群的救助行为。在中国古代，慈善救助是一些帝王、达官显贵受宗教信仰或者同情心的影响，对需要帮助的人进行的一些衣食住行方面的救济。但是到了近代中国，政局动荡，天灾频繁，兵祸连年，社会对慈善事业的需求逐渐增大，慈善事业出现了新的特征，得到了新的发展，形成了不同于传统慈善的特点。慈善事业充分展示了人道主义精神，是人类文明的一种体现，在当代对于建设社会主义和谐社会和全面建成小康社会有着重大的促进作用。慈善事业在中国有着非常悠久的传统，历代政府在赈贫恤患方面都会采取一系列的举措。慈善救助更是中华民族世代相承的传统美德。它以社会弱势群体为救助对象，是为人民谋福利的社会事业，一直起着缓和社会矛盾的作用。对于陕西来说，由于受各方面因素的影响，慈善事业相较于北京、上海等发达、沿海城市来说，各方面都比较落后，但是陕西又有着自己独一无二的特色。陕西地区的慈善事业作为中国慈善事业的一部分，为中国慈善事业的发展注入了新的血液，推动了中国慈善事业的发展，并对社会产生了重要的影响和作用，有很大的研究价值。

改革开放后，在我国经济飞速发展的同时，也出现了一些社会问题。2002 年，中共十六大报告第一次将“社会更加和谐”作为重要目标提出。陕西作为一个内陆省份，工作重点偏重于经济建设，加之受国企改革人员分流等因素的影响，在一定程度上存在着贫富差距拉大等因素。另外，陕西是亚欧大陆的主要交通枢纽，在国家“一带一路”倡议中起到龙头作用。建设“三个陕西”、实现“陕西梦”，都是为了解决社会中的突出问题，缓和社会矛盾，实现经济与社会的协调发展。慈善事业是一项由政府和民间共同参与的社会性救助事业，不但可以发挥扶贫、帮困的作用，同时还具有均衡财富流向、弱化收入差距过大及提高社会文明程度的功能。许多发达国家和地区的经验表明，发展慈善事业是化解诸多社会问题、推动政府职能转变、促进社会协调发展的一条有效途径。近些年来，党和政府对慈善事业的重视程度不断加大。2004 年，中国共产党十六届四中全会上通过的《中共中央关于加强党的执政能力建设的决定》中提出要“健全社会保险、社会救助、社会福利和慈善事业相衔接的社会保障体系。”①这是我们党的文献中第一次对慈善事业做出构建社会保障体系的论述。

2005 年，民政部在首届中华慈善大会上发布了《中国慈善事业发展指导纲要（2006—2010 年）》，首次明确了我国慈善事业发展的目标、原则和措施，为推动慈善事业全面协调发展奠定了基础。2008 年 9 月，以福利彩票、慈善和社会捐助、老年人和残疾人福利及儿童福利四方

① 《中共中央关于加强党的执政能力建设的决定》，《人民日报》2004 年 9 月 27 日，第 1 版。

面工作为主要业务的民政部社会福利和慈善事业促进司正式成立。可见慈善事业在当前社会条件下的作用日趋重要。2017 年，党的十九大报告进一步指出："完善社会救助、社会福利、慈善事业、优抚安置等制度，健全农村留守儿童和妇女、老年人关爱服务体系。"①

慈善文化在我国有着悠久的历史传统，历代政府在赈贫恤患方面都采取了一系列举措。随着社会主义市场经济的发展，我国慈善事业在近十多年来获得了较大的发展，慈善组织颇具规模，慈善救助活动影响深远。同时，慈善事业也面临着一些急需解决的问题。例如，提高民众的慈善意识，营造良好的慈善文化氛围，培养具有专业慈善素养的人才，促进慈善事业的进一步发展，成为社会慈善事业发展的必然要求。大学是知识的殿堂和人才的摇篮，也是思想传承的重要载体，承担着为社会发展提供价值导向和思想道德建设的功能，同样肩负着培育慈善文化、培养慈善人才的重任，理应义不容辞地承担起繁荣和发展慈善文化的重要任务。

目前我国高校大学生慈善文化培育还存在着一些问题和不足。因此，对大学生慈善文化进行深入研究就很有必要。相关部门应立足我国经济社会发展的现实，结合中国特色社会主义文化建设的整体要求，致力于挖掘大学生慈善文化培育的精神内涵，分析大学生慈善文化培育的现状、问题和根源，探讨大学生慈善文化培育的发展路径和模式，为培养高素质全面发展的慈善人才营造文化氛围。民政部于 2011 年 7 月 15 日发布的《中国慈善事业发展指导纲要（2011—2015 年）》指出："继承和发扬中国优秀传统慈善文化，吸收国际先进的慈善理念和管理方式，不断丰富与社会主义核心价值体系相统一，与人道主义精神、现代财富观、社会责任感等相融合的现代慈善文化。将慈善文化建设纳入社会主义精神文明建设，大力弘扬扶贫济困、诚信友爱、互相帮助、奉献社会的良好风尚。"②另外，这一纲要还提出要加强慈善学科建设，制订慈善培育计划，建立慈善教育体系，指导学校在德育教育和思想政治教育中培育慈善意识，弘扬慈善行

① 习近平：《决胜全面建成小康社会　夺取新时代中国特色社会主义伟大胜利——在中国共产党第十九次全国代表大会上的报告》，北京：人民出版社，2017 年，第 47 页。

② 《中国慈善事业发展指导纲要（2011—2015 年）》，http://www.mca.gov.cn/article/zwgk/mzyw/201107/20110700167556.shtml（2011-07-15）。

为，并纳入学生思想素质教育评估体系中，积极推动志愿服务、义工服务及慈善日、慈善周、慈善超市等多种形式的慈善宣传活动，营造全民参与慈善、实践慈善的良好氛围。2013 年，民政部印发《中国社会服务志愿者队伍建设指导纲要（2013—2020 年）》，中央精神文明建设指导委员会出台了《关于推进志愿服务制度化的意见》。这些文件为加强慈善文化建设和发展慈善事业提供了重要的政策依据，也为高校开展慈善文化培育工作指明了发展方向。

慈善文化有着丰富的内涵，不仅有其深刻的道德价值，而且具有社会公共意识、责任意识和平等意识。慈善是一种维系人类共在、共融、共进、共荣的文化纽带。高校的慈善文化氛围、高校教师的慈善担当、规范的慈善引导和评价机制是高校慈善文化建设的主要任务。[①]其重点在于培养和提高大学生的慈善意识，引导和强化大学生的慈善心理，塑造和健全大学生的慈善行为。在高校慈善文化培育中，我们要积极营造良好的慈善文化氛围，利用科研优势加强慈善文化的理论研究，建立学校—慈善组织—政府统一协调的运行机制，努力拓展慈善文化的人文视域，深化慈善文化的精神内涵，促进青年学生的全面发展、高校校园环境的健康稳定、高校人文精神的广泛传播，并引领社会的和谐发展。大学在培育和宣传慈善文化方面有独特优势，因此，要调动各方面力量，培育大学校园的慈善文化氛围，多途径创新慈善文化培育模式，这是高校大学生慈善文化培育的重要任务。

综上所述，慈善是中华民族的优秀传统美德，它既是一种个人德行意识，也是一种社会文化行为。它发之于情，行之于礼。从古到今，它在推动社会进步、促进人类和谐方面发挥了积极的作用。目前慈善作为社会保障体制的重要组成部分，在提供物质援助、促进社会和谐等方面发挥着日益重要的作用。从发展慈善事业正在成为我国全面建成小康社会的重要举措来看，慈善及慈善事业最具魅力的地方，则在于它体现出人类文明的精神追求和高尚境界。慈善是一种爱的召唤，使人们从心灵深处升华出慈爱的崇高情感，是一种动情于内在心灵的爱的幸福追求，这

① 韩升：《现代大学慈善文化建设论纲》，《山东高等教育》2014 年第 3 期。

份慈爱使人们一定程度上体验和收获了人性的纯真与奉献的快乐。慈善又是一种善的关怀，倡导人们以善良和仁慈的态度对待他人和社会，以自身的善行反馈于社会，在普遍广泛的慈善行动中营造“出入相友，守望相助”（《孟子·滕文公上》）的共同家园。慈善事业，不仅体现出公民个体的人生价值，也一定程度上促进社会的温馨与和谐。

（二）研究意义

党的十九大指出：“完善社会救助、社会福利、慈善事业、优抚安置等制度，健全农村留守儿童和妇女、老年人关爱服务体系。”① 这表明进入新时代以来，党和国家把发展慈善事业放在社会保障体系的重要组成部分这样一个高度来认识，明确肯定发展慈善事业对于建设社会主义和谐社会的重大意义。从理论意义上看，目前我国慈善事业正在兴起，其社会作用也逐渐凸显。

近代以来，随着西方慈善思想、慈善模式进入中国，中国传统慈善事业开始近代化转型，而陕西作为中国的一部分，也不可避免地进入到转型阶段。考察这一时期陕西地区慈善事业的发展轨迹，可以从中得出陕西地区慈善事业近代化转型的经验、教训，给当今慈善事业的改革和发展提供有益的借鉴和启示。陕西作为中国的一个重要区域，慈善救济事业有着其鲜明的地域特色。总结其历史经验教训，对做好当前慈善救济事业的理论和实践研究有着重要的历史借鉴和启示作用，具有较大的学术创新空间。慈善事业又是一项有着悠久历史传统的事业，它以救助社会中的弱势群体为对象，是一项为广大人民群众谋福利的社会事业，在缓和社会矛盾上发挥着重要的作用。但是从中华人民共和国成立到20世纪90年代中期，我国慈善事业的发展经历了许多曲折。1993年1月，吉林省慈善总会成立，这是中华人民共和国成立后首家直接以“慈善”命名的地方性慈善组织。该组织的成立表明了政府部门对于“慈善”的态度有了较大的转变，从此以后慈善事业的发展揭开了一个新的

① 习近平：《决胜全面建成小康社会　夺取新时代中国特色社会主义伟大胜利——在中国共产党第十九次全国代表大会上的报告》，北京：人民出版社，2017年，第47页。

篇章。然而，这一社会现象转变的影响无疑是巨大的。当代慈善事业在中国的再度兴起及其社会作用的逐渐凸显，很快引起了学术界的极大关注，并对其进行了深入研究和探讨。目前，国内外已有一批研究著作和论文涌现，但多系全国范围中的专题性或断代性内容，地域性的研究成果尚属少见。然而，地域性研究又是全国性研究的重要准备和基础。

陕西省地处西北地区，其慈善事业的发展状况基本上和全国慈善事业的发展轨迹是相同的，同时又具有独特的地方发展特色。考察和总结近代以来陕西地区慈善事业发展的历史过程和特点，对于我们今天发展慈善事业，全面建成小康社会具有重要的现实意义。20 世纪 90 年代中期以来，陕西慈善事业得到了较快发展，动员和利用民间慈善资源，正在成为政府解决社会问题的重要策略之一。但是，陕西慈善事业发展究竟处于怎样的现状？是否已经进入一条正确的、良性发展的轨道？陕西慈善事业发展中还存在哪些问题？其产生原因是什么？应该怎样去解决？弄清这些问题，不但对提升陕西慈善事业发展水平，促进和谐陕西和全面建设小康社会具有现实意义，而且可以为其他省份提供一定的参考和借鉴，进而促进全国慈善事业的发展。

同样，大学生慈善文化培育研究，也具有重要的理论意义和现实意义。从理论意义上来看，有利于补充、完善和拓展慈善文化研究的相关理论。虽然我国学术界对慈善、慈善文化、慈善伦理的研究颇多，但对大学生慈善文化的研究相对较少。因此，笔者认为通过对大学生慈善文化的内涵、基本特征和具体内容进行深入研究和探讨，运用调查问卷的实证分析方法，找出大学生慈善文化发展的问题与不足，并提出相关对策，可以填补大学生慈善文化研究的不足，进一步拓展慈善文化研究的深度和广度。

从现实意义上来看，加强慈善文化研究也是高校实现自我确证与自我超越的内在要求。其重要意义体现在以下四个方面。

首先，慈善文化培育可以促进慈善事业发展。慈善文化是慈善事业赖以发展的基础，慈善事业的发展离不开慈善文化的普及。发展慈善事业需要营造“人文关怀”的社会氛围环境，这种环境的形成需要文化的承载和激励。深厚的慈善文化对社会良性运行、缩小贫富差距、缓解社会矛盾有着重要的作用。[①]大学生慈善文化是校园文化建设的重要组成部分，慈善文化培育直接影响大学生对慈善文化知识的掌握和慈善理念的形成，大学生通过参与慈善活动培育爱心，提高个人对志愿服务和公益事业的认识，从而明确自己承担的社会责任和义务，进而影响整个社会慈善文化的形成，促进慈善事业健康持续发展。

其次，慈善文化对于培育和践行社会主义核心价值观具有重要意义。社会主义核心价值观倡导的友善是对人类以往友善理念的继承和发展。“作为公民道德规范的友善，是处理人际关系的基本道德规范，本质上是指友好善良的公民伦理关系和公民秩序。友善既是高尚的个人美德，也是重要的公民道德规范，在维系社会成员之间的和谐关系中扮演着不可或缺的‘角色’”。[②]友善价值观正是基于人们对美德的追求，所蕴含的善意和关怀也正好契合了慈善所传递的慈爱与善良。因此，慈善文化所阐释的与人为善、帮扶互助的基本观念有助于树立奉献、友爱、进步的道德风尚，是培育社会主义核心价值观的集中体现。作为一个有效的教育实践载体，慈善文化培育可以弥补现行学校德育教育中的不足。开展慈善文化培育的理论研究，构建系统化的慈善文化教育体系，推动慈善实践活动的实施，正是贯彻社会主义核心价值观，对大学生进行道德教育的重要内容和举措。

再次，慈善文化培育对构建和谐社会作用巨大。慈善文化是和谐社会内在的道德基础之一，这一基础在于全社会之间拥有一种普遍认同和奉行的互帮互助、诚实守信的道德观念，即全体人民平等友爱、和谐融洽相处，在全社会建立一种平等友爱、相互包容的人际关系和明礼诚信、团结友善的道德规范，而慈善文化倡导的人道主义思想和仁爱慈悲观念正好符合这一道德价值取向。另外，通过慈善文化的熏陶和引导，可以提高慈善主体的道德修养和精神境界，一切行为服从善的标准，实现自我超越，自觉自愿去奉献爱心，追求人生的价值和意义，使社会更加和谐。

最后，慈善文化培育对社会主义精神文明建设具有重要的意义。慈

① 陈东利，邵龙宝：《当下中国慈善文化困境与原因探析》，《兰州学刊》2011年第11期。

② 张昊：《培育“友善”需健全善行义举保护机制》，《法制日报》2014年3月22日，第4版。

善文化培育是精神文明建设的重要内容。随着经济发展和社会、体制的转型，由物质文明繁荣所带来的拜金主义、享乐主义和极端个人主义价值观及随之而来的道德滑坡，打破了人与人之间的温情纽带，这种不良的价值观和道德观亟须行之有效的社会制度的规范和伦理道德的约束，更需要高尚的道德情操培养。因此，弘扬利他主义精神，倡导爱心奉献的核心价值观，树立团结、友爱、互帮、互助的道德文明风尚，无疑是我国进行大学生道德教育、提高公民思想道德素质的一个重要途径和发展方向，也是净化社会不良风气的一个重要手段。而发扬扶贫济困、帮扶互助的传统美德，营造“以人为本”“助人为乐”的人文关怀和社会环境，正是建设社会主义精神文明和以德治国的基本要求。

二、国内外研究综述

（一）国外研究综述

国外对慈善事业的研究已经成为一门专业的学科。研究涉及慈善事业的各个方面。研究领域主要集中在：慈善事业的哲理研究，慈善课程的设立，慈善组织如何建设良好的制度，如何监督慈善组织，慈善组织的资金使用、管理，慈善组织与政府的关系，慈善事业的税收优惠政策探析，慈善事业的国际工作，慈善基金会与中国的关系，如何提高慈善事业的社会公信力，慈善捐助教育，志愿者的培训和慈善网站的管理，基金会的成立条件和管理机制等，这些方面都有专门的研究课题，并由专门的基金会出资赞助。国外学者关于近代中国慈善事业的研究不是很系统，大部分都是专题性质的。比较有代表性的有约翰·霍普金斯大学雷斯特·萨拉蒙教授领导的研究小组对世界上 41 个国家和地区的非政府组织进行系统研究，其中包括对各国慈善组织捐赠状况等研究。此外，美国著名律师贝奇·布查特、大卫·艾维特、英格里德·密特梅尔三人合作写作了《通行规则：美国慈善法指南》[①]，系统地解释了普通人觉得晦涩难懂的美国慈善法

① （美）贝希·布查尔特·艾德勒、大卫·艾维特、英格里德·密特梅尔著，金锦萍、朱卫国、周虹译：《通行规则：美国慈善法指南》，北京：中国社会出版社，2007 年。

律，该书阐述了其他慈善组织与美国慈善组织的法律关系，有利于加强美国国内外慈善事业的发展与合作。另外，很多日本学者比如星斌夫、善峰宪雄等对中国唐宋时期慈善机构研究较多；美国学者玛丽·兰金的《中国的精英能动主义与政治转型：浙江省（1865—1911）》和罗威廉的《汉口：一个中国城市的冲突与协调（1796—1895）》都对近代中国的善堂有所研究，他们都把善会善堂看作是“市民社会”的代表之一，认为它开创了“公共领域”的先河，因而评价很高①。国外关于近代陕西地区慈善事业的研究不太多，仅见于日本学者夫马进的《中国善堂善会史研究》②，对明末清初陕西社会当时存在的善会、善堂有少许的介绍。

从目前研究状况来看，国外对慈善文化建设和慈善文化的研究既注重理论研究又重视实践应用。西方慈善历史传统悠久，涉及宗教、教育、卫生、文化艺术、环境保护、国际事务等各个领域，慈善实践丰富。比如美国特有的慈善文化主要体现在“罪富文化”、“互济文化”和“个人主义文化”。英国的慈善机构在强化全民的捐助意识、扶弱济贫、体现上帝的救赎精神上起到了英国政府所无法比拟的作用。因此，在具备广泛社会基础和宗教影响的条件下，西方对高校慈善文化的研究多集中于社会实践环节，其研究的目的在于通过合理的方式和途径，探索高效运行的慈善事业，通过社会慈善行为实践解决社会现实问题，使之成为社会慈善文化建设和慈善事业发展的一部分。如劳伦斯·J. 弗里德曼（Lawrence J.Friedman）和马克·D. 麦加维（Mark D.Mcgarvie）在 2004 年主编的《美国历史上的慈善组织、公益事业和公民性》③（*Charity, Philanthropy, and Civility in American History*）。罗伯特·佩滕（Robert L.Payton）和麦克·姆迪（Michael Moody）在 2013 年主编的《理解慈善—— 意义及其使命》（*Understanding*

---

① Mary B.Rankin,*Elite Activism and Political Transformation in China:Zhejiang Province,1865-1911*,Stanford:Stanford University Press,1986,pp.98-131;William T.Rowe,*Hankow:Conflict and Community in a Chinese City,1796-1895*,Stanford:Stanford University Press,1989, pp.91-156.

② （日）夫马进著，伍跃、杨文信、张学锋译：《中国善堂会史研究》，北京：商务印书馆，2005 年。

③ Lawrence J.Friedman and Mark D.Mcgarvie,*Charity,Philanthropy,and Civility in American History*, Cambridge:Cambridge University Press,2004.

Philanthropy: Its Meaning and Mission）。[①]国外还有许多非营利性质的教育培养组织，致力于设计和实施一些服务学习项目，让青少年通过参与慈善事业，将实践经验学习和社会服务相结合，参与和解决饥荒、灾难、流浪者、环境、种族问题等，在学习过程中提升学生解决实际问题的能力。这些研究成果都为研究慈善文化和慈善教育提供了理论基础和实践经验。比如美国高校的服务学习（Service Learning）课程和加拿大学校开设的义工学习课程。同时国外研究者认为，在高校中引入慈善研究，即引入了当下社会、经济、政治等各方面的问题，使高校重新审视其与社会棘手问题的关系，号召大家更加关注高校的使命，慈善研究中的公益服务和志愿行为也将引发大家对人类基本需求及人类普遍幸福的终极思考。如印第安纳大学1987年创办的“慈善中心”开创了慈善研究领域的新篇章，它是美国一流的学术中心，该中心目前有50多名工作人员及60多名教授，致力于慈善领域的教学科研、学科建设、公共事务、公共服务、公益实践及公益组织管理等各项活动，为传播慈善文化、促进慈善实践、扩展慈善影响做出了积极贡献。

（二）国内研究综述

国内对于慈善事业的研究是在20世纪90年代后期才开始的，本书将其梳理为以下几个方面。

第一，从国外慈善事业的现状探讨慈善事业在促进社会发展中的重要功能，以期对我国此方面的发展予以启示，如李怡心的《关于国外慈善事业的研究综述》[②]，高鉴国的《美国慈善捐赠的外部监督机制对中国的启示》[③]，黄凯的《日本非政府公共组织管理分析》[④]等。

第二，从法律角度，论述了慈善事业兴起所需要的法律条件。张娅茜的《我国慈善事业发展的法制进路与优化》[⑤]认为加强慈善法律意识

① Robert L.Payton and Michael Moody,*Understanding Philanthropy:Its Meaning and Mission*, Bloomington:Indiana University Press,2008.

② 李怡心：《关于国外慈善事业的研究综述》，《道德与文明》2006年第2期。

③ 高鉴国：《美国慈善捐赠的组织运行机制》，《学习与实践》2010年第4期。

④ 黄凯：《日本非政府公共组织管理分析》，郑州：郑州大学硕士学位论文，2002年。

⑤ 张娅茜：《我国慈善事业发展的法制进路与优化》，《求索》2010年第3期。

培养、理顺政府与慈善关系、建立健全慈善奖惩机制等途径，可以优化我国慈善事业法制环境，促进慈善事业进一步发展，王雪琴的《论慈善法人的法律属性——以公、私法人区分为视角》[①]从慈善失业中法人的视角对慈善事业进行剖析。

第三，慈善历史和慈善思想研究。内容主要包括对中国各特定年代慈善事业的发展状况、思想渊源、特点及背景的研究，对从事慈善事业的人物事迹及其思想的介绍。如周秋光、曾桂林的《中国慈善简史》[②]分别从宏观、微观、渊源上考察了中国传统文化中的慈善思想观念和社会变迁关系，勾勒了慈善、慈善事业与慈善史研究的基本问题与基本研究方法。赵宝爱的《慈善救济事业与近代山东社会变迁》[③]论述了中国近代慈善事业的兴起与发展及对近代山东社会变迁的影响。

第四，从慈善事业的本质、慈善理论、历史沿革、运行规范、典型个案等方面，对中国的慈善事业进行了较为全面的探讨。如郑文山的《战略性慈善捐赠对企业绩效影响研究》[④]，田凯的《非协调约束与组织运作——中国慈善组织与政府关系的个案研究》[⑤]，郑功成等所著的《中华慈善事业》[⑥]，汪大海、何立军的《中国慈善事业的合作治理模式及其路径选择》[⑦]等。

第五，中国慈善事业系统研究。主要是徐麟主编的《中国慈善事业发展研究》[⑧]。该书是上海市民政局为了配合民政部出台《中国慈善事业发展指导纲要》进行的课题研究，对中国慈善事业发展的现有状况、存在问题、战略思想、目标评估、发展模式、组织建设、政策体系、个

---

① 王雪琴：《论慈善法人的法律属性——以公、私法人区分为视角》，《武汉大学学报》（哲学社会科学版）2010 年第 4 期。

② 周秋光，曾桂林：《中国慈善简史》，北京：人民出版社，2006 年。

③ 赵宝爱：《慈善救济事业与近代山东社会变迁》，济南：济南出版社，2005 年。

④ 郑文山：《战略性慈善捐赠对企业绩效影响研究》，《社会科学战线》2010 年第 5 期。

⑤ 田凯：《非协调约束与组织运作——中国慈善组织与政府关系的个案研究》，北京：商务印书馆，2004 年。

⑥ 郑功成：《中华慈善事业》，广州：广东经济出版社，1999 年。

⑦ 汪大海，何立军：《中国慈善事业的合作治理模式及其路径选择》，《江西社会科学》2010 年第 5 期。

⑧ 徐麟：《中国慈善事业发展研究》，北京：中国社会出版社，2005 年。

案调查和比较研究等方面进行了深入的专题研究，并对一些理论问题和疑难问题进行了分析。杨团、葛顺道的《中国慈善发展报告（2009）》[①]在时间跨度上溯至中国古代，下止于2008年末，从慈善历史、慈善主体、慈善行为和慈善制度等四个不同视角反映和体现中国慈善事业的发展图景。还有孟令君的《中国慈善工作概论》[②]等。

随着我国慈善事业的逐渐发展，学术界对慈善事业的研究力度也在不断加大，但是，关于陕西地区慈善事业的研究成果，只是在一些全国性、综合性的研究著作中有所涉及，比如顾长声的《传教士与近代中国》[③]；郑功成、张奇林、许飞琼的《中华慈善事业》[④]；梁其姿的《施善与教化——明清时期的慈善组织》[⑤]；游子安的《善与人同——明清以来的慈善与教化》[⑥]；蔡勤禹的《国家、社会与弱势群体：民国时期的社会救济（1927—1949）》[⑦]；孙柏秋的《百年红十字》[⑧]；蔡勤禹的《民间组织与灾荒救治——民国华洋义赈会研究》[⑨]；徐麟主编的《中国慈善事业发展研究》[⑩]；陈桦、刘宗志的《救灾与济贫：中国封建时期的救助活动（1750—1911）》[⑪]；周秋光、曾桂林的《中国慈善简史》[⑫]；徐晓燕编著、贾宁一翻译的《中国的慈善事业》[⑬]；王卫平、黄鸿山的《中国古代传统社会保障与慈善事业——以明清时期为重点考察》[⑭]；

---

① 杨团，葛道顺：《中国慈善发展报告（2009）》，北京：社会科学文献出版社，2009年。
② 孟令君：《中国慈善工作概论》，北京：北京大学出版社，2008年。
③ 顾长声：《传教士与近代中国》，上海：上海人民出版社，1991年。
④ 郑功成，张奇林，许飞琼：《中华慈善事业》，广州：广东经济出版社，1999年。
⑤ 梁其姿：《施善与教化——明清时期的慈善组织》，石家庄：河北教育出版社，2001年。
⑥ 游子安：《善与人同——明清以来的慈善与教化》，北京：中华书局，2005年。
⑦ 蔡勤禹：《国家、社会与弱势群体：民国时期的社会救济（1927—1949）》，天津：天津人民出版社，2003年。
⑧ 孙柏秋主编：《百年红十字》，合肥：安徽人民出版社，2003年。
⑨ 蔡勤禹：《民间组织与灾荒救治——民国华洋义赈会研究》，北京：商务印书馆，2005年。
⑩ 徐麟：《中国慈善事业发展研究》，北京：中国社会出版社，2005年。
⑪ 陈桦，刘宗志：《救灾与济贫：中国封建时期的救助活动（1750—1911）》，北京：中国人民大学出版社，2005年。
⑫ 周秋光，曾桂林：《中国慈善简史》，北京：人民出版社，2006年。
⑬ 徐晓燕编著，贾宁一译：《中国的慈善事业》，北京：新星出版社，2006年。
⑭ 王卫平，黄鸿山：《中国古代传统社会保障与慈善事业——以明清时期为重点考察》，北京：群言出版社，2005年。

周荣的《明清社会保障制度与两湖基层社会》[①]；学者杨团从2009年一直到2017年每年都出版一本《中国慈善发展报告》[②]；王振耀的《现代慈善与社会服务》[③]，以及他的《现代慈善与社会治理》[④]、《现代慈善与法治社会》[⑤]；褚蓥、蔡建旺、余智晟的《改革慈善》[⑥]；何华兵的《基层慈善改革创新实践》[⑦]等。

关于陕西地区灾荒情况描述的论文和著作主要有：袁林的《西北灾荒史》[⑧]；温艳的《20世纪 20—40 年代西北灾荒研究》[⑨]；池子华的《中国红十字会救助1928至1930年西北华北旱荒述略》[⑩]；温艳的《民国时期西北地区灾荒成因探析》[⑪]；敏敬的《伊斯兰教财产观与新时期西北穆斯林的慈善实践》[⑫]；张红霞的《民国时期陕西地区灾荒研究（1928—1945）》[⑬]；安少梅的《陕西民国十八年年馑研究》[⑭]；李德民、周世春的《论陕西近代旱荒的影响及成因》[⑮]；王欣瑞的《基督教与近代陕西社会》[⑯]；肖育雷、吕波的《论1928—1930年陕西大旱灾的救荒》[⑰]；梁严冰的《1928—1932 年的陕北大旱灾及其影响》[⑱]；刘永

① 周荣：《明清社会保障制度与两湖基层社会》，武汉：武汉大学出版社，2006年。
② 杨团：《中国慈善发展报告》，北京：社会科学文献出版社，2009—2017年。
③ 王振耀：《现代慈善与社会服务》，北京：社会科学文献出版社，2013年。
④ 王振耀：《现代慈善与社会治理》，北京：社会科学文献出版社，2014年。
⑤ 王振耀：《现代慈善与法治社会》，北京：社会科学文献出版社，2015年。
⑥ 褚蓥，蔡建旺，余智晟：《改革慈善》，北京：社会科学文献出版社，2016年。
⑦ 何华兵：《基层慈善改革创新实践》，北京：社会科学文献出版社，2017年。
⑧ 袁林：《西北灾荒史》，兰州：甘肃人民出版社，1994年。
⑨ 温艳：《20世纪20—40年代西北灾荒研究》，西安：西北大学硕士学位论文，2005年。
⑩ 池子华：《中国红十字会救助 1928 至 1930 年西北华北旱荒述略》，《社会科学战线》2005年第2期。
⑪ 温艳：《民国时期西北地区灾荒成因探析》，《社会科学家》2010年第3期。
⑫ 敏敬：《伊斯兰教财产观与新时期西北穆斯林的慈善实践》，《北方民族大学学报》（哲学社会科学版）2009年第2期。
⑬ 张红霞：《民国时期陕西地区灾荒研究（1928—1945）》，西安：西北大学硕士学位论文，2007年。
⑭ 安少梅：《陕西民国十八年年馑研究》，西安：西北大学硕士学位论文，2010年。
⑮ 李德民，周世春：《论陕西近代旱荒的影响及成因》（《西北大学学报》（哲学社会科学版）1994年第3期。
⑯ 王欣瑞：《基督教与近代陕西社会》，西安：西北大学硕士学位论文，2001年。
⑰ 肖育雷，吕波：《论1928—1930年陕西大旱灾的救荒》，《榆林学院学报》2007年第3期。
⑱ 梁严冰：《1928—1932年的陕北大旱灾及其影响》，《延安大学学报》（社会科学版）2010年第1期。

刚的《论清代陕甘地区的慈善机构及其运作》[①]；张德明的《英国浸礼会在近代陕西慈善事业考略》[②]。

我国对慈善事业的研究起步较晚，对大学生慈善文化研究尚处在探索阶段，在慈善和公益事业蓬勃发展的大背景下，我国大学生慈善文化建设和慈善意识的培育已引起各方重视。许多高校也开始开展关于大学生慈善文化培育问题的讨论，不过这些学术研究基础理论比较薄弱，尚处在初级阶段，而且从目前对慈善意识研究和志愿服务研究的成果来看，大多数都停留在理论分析阶段，实证研究较少，缺乏结合当前新形势、新问题进行深度理论分析和实践应用。一方面社会经济快速发展；另一方面社会慈善事业的发展相对缓慢，社会整体慈善意识不健全，慈善氛围也不浓厚。在这种情况下，对于慈善的研究很难上升到一定高度，做好理论研究即是加快我国慈善事业发展的基础，也是培育大学生慈善文化的基本环节。当然，近年来大学生慈善文化建设和校园慈善文化实践活动已经有一定的发展。比如一些高校积极探索与社会慈善组织、社区服务相结合，在实践中宣扬慈善理念。也有一些研究者将慈善文化培育与大学生德育建设和校园文化建设有机结合起来，这都为大学生慈善文化研究提供了借鉴。如韩升的《现代大学慈善文化建设论纲》[③]；赵宝爱的《论青少年的慈善意识及其培养》[④]；吴显华、欧阳凤莲的《论思想政治教育视角下大学生慈善意识的培养》[⑤]；石国亮的《慈善文化进学校：意义、挑战与路线图》[⑥]；郭慧茹的《当代大学生慈善意识研究》[⑦]；常锐的《大学生慈善意识培养及路径选择》[⑧]等都是这方面研究成果的代表。

---

① 刘永刚：《论清代陕甘地区的慈善机构及其运作》，《延安大学学报》（社会科学版）2007年第3期。

② 张德明：《英国浸礼会在近代陕西慈善事业考略》，《东方论坛》2011年第3期。

③ 韩升：《现代大学慈善文化建设论纲》，《山东高等教育》2014年第3期。

④ 赵宝爱：《论青少年的慈善意识及其培养》，《青少年研究》2005年第3期。

⑤ 吴显华，欧阳凤莲：《论思想政治教育视角下大学生慈善意识的培养》，《学会》2012年第5期。

⑥ 石国亮：《慈善文化进学校：意义、挑战与路线图》，《长白学刊》2015年第2期。

⑦ 郭慧茹：《当代大学生慈善意识研究》，太原：山西大学硕士学位论文，2013年。

⑧ 常锐：《大学生慈善意识培养及路径选择》，《吉林师范大学学报》（人文社会科学版）2011年第6期。

综上所述，目前慈善事业的相关论文散见于全国各类期刊，其中发表在核心期刊的论文不过数百篇，超过 80%发表于近三年。近年来，对于慈善事业研究基本上涉及了慈善事业的各个领域，但研究内容重复比例较高，创新性研究缺乏，总体来说仍然处于起步阶段。另外，多数研究着眼于宏观理论层面，以地方慈善事业特别是陕西为研究对象的实证研究不多。而对高校慈善文化的研究也极为分散和薄弱，研究成果集中在某些个别问题的研究上，缺乏全面系统的整体把握。对于高校慈善文化的内涵、特征和基本内容缺乏深度研究。研究方法主要集中于文献定性分析，缺少实地调研和实证分析，对策研究具有理论指导意义，缺乏实际操作的可行性。特别是结合地方慈善事业和慈善文化的发展与当代大学生慈善教育相结合进行综合研究还有待于深化，正是基于以上分析，本书才以《陕西慈善事业发展与当代大学生慈善文化培育研究》为题展开研究，将陕西丰富的地方慈善事业和慈善文化融入当代大学生慈善文化培育之中。

三、创新点和难点

（一）创新点

一是研究上的创新。本书将陕西慈善事业的研究置入全国慈善事业的研究体系之中进行考察和论证，这在慈善事业研究领域是一次新的尝试。目前，学术界较多地对当代慈善事业的某一方面展开研究和论证，且多系全国性的研究，对区域慈善事业的研究还相当薄弱，而区域研究又是全国性研究的基础。因此，本书的学术目的就在于抛砖引玉，通过对当代陕西慈善事业的研究，引起学界对区域慈善研究的关注，使该课题的研究成为独立的、完整的、有预见性和系统性的工作。

二是观点上的创新。中华人民共和国成立以后至改革开放前的这段时间内，虽然社会福利救济事业取代了慈善事业，但是并没有完全消除慈善的社会救助功能，而是用社会福利事业代行了原来慈善事业的职能，以国家或政府的名义进行社会救助。政府在现阶段的慈善事业发展中仍起主导作用，这是符合陕西具体情况的。

三是对大学生慈善文化的内涵、特征和基本内容做了进一步的界定和深入探讨，创新点是依据教育主客体关系构建大学生慈善文化研究模型，依据模型设计问卷调查，并进行分析统计，深入了解大学生慈善意识和大学生慈善文化培育的现状与不足。

（二）难点和重点

1. 难点

首先，资料收集难度较大。陕西的慈善事业研究还处于初级阶段，资料比较多而且较分散，要做到全面搜集比较困难。其次，如何把已收集到的资料进行合理的统计分析，做出合理的分类也是一大难题。最后，由于整个陕西地区的慈善事业，涉及地区较广和时间较长（近一百余年），任务量大，在宏观架构和微观论证的结合方面还是有一定的难度。

2. 重点

目前学术界对慈善文化的研究相对较多，集中于慈善文化建设、传统慈善文化研究、中西方慈善文化对比等，而关于大学慈善文化教育的研究相对较少。鉴于此，本书通过对文化和慈善文化的界定，对慈善和慈善性质的理论阐述，探讨高校慈善文化的内涵、特征和基本内容，这是本书的理论研究重点。针对研究内容设计合理的调查问卷，在实证定量研究的基础上，分析总结高校慈善文化培育的现状与制约因素，并提出富有建设性的意见和建议是本书的实践应用研究重点。

四、研究目标与研究方法

（一）研究目标

首先，本书的研究目标在于把陕西地区的慈善事业放在我国慈善事业的大背景下，从慈善事业的思想和实践活动，慈善活动的救助对象、救助主体及组织机制等方面，深入分析社会变迁对陕西地区慈善事业的影响，全面考察慈善思想、慈善事业的主体力量与救助对象、救济的手段与内容、慈善组织及其管理方式等的演变，全面、系统地探讨陕西地区慈善事业的总体状况及其由传统向近代的转型过程，细致分析产生这一转型过程的社会环境、具体表现与基本特征，尽可能地揭示陕西地区慈善事业的地域特色，探讨中国传统慈善活动在近代的发展趋势和基本特征，总结慈善事业在近代陕西地区社会生活中的客观总用和历史影响。

其次，从陕西省慈善事业发展的现实条件，已经取得的成就，陕西省慈善事业发展中存在的不足等方面介绍陕西省慈善事业发展的现状。在借鉴国外慈善事业发展的特点和经验的基础上，针对陕西省慈善事业发展中的不足，提出陕西慈善事业建设的若干思路：培育慈善意识，塑造慈善环境；壮大慈善组织队伍，提高慈善组织公信力；制定慈善事业发展指导法律，完善法律法规体系。

最后，本书将研究重点放在对高校慈善文化内涵、特征、基本内容等方面的深入研究上，旨在通过问卷调查和个案访谈的方法，找出高校慈善文化培育过程中存在的问题，深入剖析慈善文化缺失的原因，在吸收和借鉴中西方优秀慈善文化资源的基础上，结合高校校园文化建设，使慈善文化成为高校德育教育的一部分，营造助人为乐、和谐稳定的校园文化环境，让大学生在怜悯之爱和互助之爱中去感受付出和奉献的快乐，感受到人性之善和德行之美。

（二）研究方法

本书在搜集使用大量的相关档案、地方志、社会调查、报纸杂志等第一手资料基础上，综合运用历史学、灾害灾荒学、社会学、社会保障学的理论展开综合研究。本书主要采取以下几种研究方法。

（1）文献资料研究及分析方法。需要根据论题核心概念的内涵，对相关文献资料进行深入的研究。研究方法以史学的基本方法为主，即在前人研究的基础上，尽可能地收集、整理、阅读、理解和考证相关史料，求得最大限度地陈列和重建史实，然后据此探讨需要弄清楚的问题。收集和整理国内外已有的关于慈善事业的文献资料，包括关于陕西省官方慈善机构、民间组织等方面的文献资料。

（2）数据分析方法。通过搜集中国民政统计年鉴、近代陕西民政志、近代陕西慈善统计年鉴中关于慈善组织、基金会、志愿服务等数据支持本书中的观点。

（3）实证研究的方法。为了获取第一手资料，对高校大学生慈善文化培育进行调查。调查采用访谈法、非参与式观察法和问卷调查、电话调查等方法。对陕西省慈善协会、西安市慈善会等机构进行走访，依照访谈提纲进行走访面谈，获取书面材料。

（4）比较、归纳、总结的方法。在文献阅读与实证调研的基础上，通过对数据的统计分析和综合运用，对陕西慈善事业的发展脉络、主要特征、社会影响及存在的问题等方面进行了系统的研究和探讨。

第一章　慈善及其相关理论概述

慈善是指对人关怀而有同情心，仁慈而善良。慈善充分展示了人道主义精神，是人类文明的一种体现。

第一节　慈善的基本理论概述

一、慈与善的内涵

“慈善”一词在英文中有多种表达方式。比如，“philanthropy”，源自于希腊文，表示“善心”“博爱主义”之意；“beneficence”，表示“慈善”“善行”“捐款”等意思；“charity”，表示“博爱”“宽容”“慈善事业”等意思；“benevolence”，表示“仁慈”“善行”“捐款”等意思。但无论如何，其本质都是人类善爱之心的表现与标志。而在中国传统典籍中，“慈”与“善”这两个字最初并非是合于一起使用的。“慈”，在中国古代原指父母之爱，如《左传》中出现的“父慈子孝”（《左传·隐公三年》）的用法。之后，引申出怜爱、仁慈等方面的寓意，遂扩展到普遍的人与人之间的关爱，其中尤指对长者与孩童的关爱。“善”与“恶”相对，本义是指“吉祥”“美好”。许慎在《说文解字》中对“善”曾做过解释：“善，吉也；从言从羊，此与义（繁体）美同意。”①这一解释也可从上古的典籍中得到印证，如《尚书》中即有“彰善瘅恶”（《尚书·毕命》）之句。后来，善被引申为亲善友好，品行高尚。孔子说“与善人居，如入芝兰之室，久而不闻其香，即与之化矣”（《孔子家语·六本》），从中，我们便能体会到善的伦理道德价值所在。后人将情操高尚、乐善好施的人称作善人或善士，也是因此之故。

伴随着长期的文化演进，“慈”与“善”的字义渐趋相近，均包含着仁慈、善良、富有同情心等意义。至南北朝时，慈与善更是常常被并列言之，于是便有了“慈善”这一称谓，并为世人所习用。《魏书·崔光传》中就已经出现了“慈善”二字合成使用的记载：“（崔光）宽和慈善，不忤于物，进退沉浮，自得而已”。

虽然词源可能不同，但是对于慈善，中外文化都有着共同的认识与理解。中国的大慈善家熊希龄曾这样说过：“孔教言仁，又曰博施济众；耶教言博爱，又曰爱人如己；佛教言慈悲，又曰普度众生。……无论为何教何学，无不以人道为重。发扬人道，济世救人，乃是古今中外人类共通的理念，并无时空隔阂。”②

从上述对“慈善”一词的释义分析，可以看到慈善源远流长的内涵及其丰富的文化底蕴。在历史悠久的中国，“慈善”思想发轫于先秦，中经两汉，到魏晋南北朝时期以至后世，期间受到儒、释、道、墨等众多思想的影响，一直不断丰富发展并不断完善。

二、慈善的多重定位

从语境看，“慈善”可以从广义与狭义两个方面来理解。广义的慈善包括四项内容：一是作为一种秉性善良、富于同情心的品德，这一品质，是慈善及慈善活动发生的心理基础。二是作为一种比较系统的道德

① （东汉）许慎撰，（宋）徐铉校定：《说文解字》，北京：中华书局，2004年，第58页上。
② 周秋光：《关于慈善事业的几个问题》，《求索》1999年第5期。

观念，在传统意义上，慈善作为人类道德的内容之一，是以人所固有的怜悯、互助、责任感等情怀为基础，融合儒家人伦主义理想与相关宗教教义所形成的超越血缘亲情的社会公德系统，现代慈善则是传统精神文明的延续和现代人道主义的体现，是现代社会文明的重要组成部分；这种道德观念，是慈善活动的理论基础。三是作为一种社会行为，包括个人和团体的宣传、教育、募捐、捐助、义演、义卖、义诊、义工等行为，是指在政府的倡导或帮助与扶持下，由民间团体和个人自愿组织与开展活动的、对社会中遇到灾难或不幸的人，不求回报地实施救助的一种高尚无私的支持与奉献行为。①这些活动，是慈善主要的外部表现和主要实现途径。四是作为一项事业，是指个人、团体、机构及政府为贯彻慈善精神所举办的，以救济老、弱、病、残和遭遇危、急、灾、变等情况而需要援助者自愿提供的一项生产性、公益性经济活动，这是慈善及慈善传统形成的主要依托和保障。所谓慈善传统，是指由于慈善精神和慈善事业长期传承所形成的比较广泛和稳定的社会成果与风尚。②

狭义的“慈善”可以概括为：慈善是人类社会独有的、以无偿地对他人实施救助的道德行为。第一，慈善是一种社会道德行为。在人类社会运行过程中，个体之间的能力差异造成不平等的社会现象，这一社会现象与社会发展之间的矛盾就是社会问题，解决这一社会问题是社会运行必需的环节。慈善活动是以社会成员的善良品质为基础，因自愿捐助才得以出现。第二，慈善活动的实施主体具有多样性。从中国历史的发展来看，从事慈善活动的主体主要是个体、团体机构及政府，而后两者又是主要的实施者，表现为民间力量创设的各类善堂、善会及政府主持下的各种社会保障设施。第三，它的主要内容是实施救助。这种救助可以是在物质上的救贫，也可以是道义或是精神上的抚慰。在传统社会，救贫主要表现为民间的各类捐助和政府实施的鳏寡孤独政策。

当前研究慈善问题，主要是从行为角度出发。我们可以理解为，慈善是指个人、群体或社会组织自愿向社会或受益人无偿捐助钱物或提供志愿

① 周秋光，曾桂林：《中国慈善简史》，北京：人民出版社，2006年，第6页。
② 陶海洋：《慈善研究及其不同学术观点述评》，《学术界》2008年第4期。

服务的行为，是帮助人们摆脱各种困难、抵御风险及发展社会公益事业的重要途径。它关注的对象是弱势群体及脆弱社会成员，它的行为主体是群体、组织与个人（通过各类慈善组织），它的性质属于志愿性公益事业。慈善事业满足行为主体以奉献爱心来实现自我价值的愿望，培养人的善良意识，提高人的道德水平；同时，慈善事业也能有效调剂贫富差距、缓解社会矛盾。发展慈善事业是构建社会主义和谐社会的重要途径，是完善社会保障体系的重要组成部分，也是推动社会主义精神文明与思想道德建设的重要途径。[①]对于全面建成小康社会具有重要意义。

三、慈善及其性质

慈善是慈善主体基于道德认识和道德观念，由道德情感衍生的道德实践。慈善奉献的是爱心，表达的是善心，慈善的价值在于幸福而不是金钱，是人性的自我完善和超越。如何理解慈善的内涵与性质，是一项备受关注的学术命题。经济学角度的慈善指一种调节收入分配的方式，企图实现社会财富转移和再分配；社会学角度的慈善指社会保障的补充方式；政治学角度的慈善指对人格平等、公平正义的追求，伦理学角度的慈善指人类基于道德情怀对弱势群体的关爱。从慈善的本意来看，“慈善”追求的是仁慈、善良、人道、平等、博爱的核心价值，折射出道德的力量和德行的光彩。“慈”既指长辈对晚辈的爱抚，也指子女对长辈的孝敬供养，以心意来表达爱意和敬意；“善”的本义为“美好、吉祥”，慢慢引申为亲善、善良、和善的意思。如今的“慈善”已经超越了传统意义上的文化含义，它既是一种爱的召唤，折射人与人之间慈爱的光芒，又是一种善的关怀，指人们以同情、怜悯、仁慈的态度对待他人与社会，以自身的善行回馈于社会。正如休谟在《人性论》中指出：“慈善（也就是伴随着爱的那种欲望）是对于所爱的人的幸福的一种欲望和对他的苦难的一种厌恶。”[②]当人对人的关心、爱护与同情，

① 王小波：《试论普通人参与慈善事业的意义、影响因素及其途径》，《道德与文明》2006 年第 2 期。

② （英）休谟著，关文运译：《人性论》，北京：商务印书馆，1980 年，第 419—420 页。

由个别人发展到全社会的共同行为和共同心理时，慈善就具有了社会心理、社会伦理道德和社会行为的意义。

慈善的伦理本质在于仁慈、人道和博爱。慈善的一个特别精神在于“仁慈”，仁慈涉及对他人的善意表达和高尚的情感，关系到对他人表达富有建设性的关心。慈善的人道价值就是要关怀每个人的自由全面发展，要将自身个体存在与人类的发展进步联系在一起，把个人的幸福与他人的快乐联系在一起。博爱精神是一种崇高的人文关怀，要求人们超越个体局限，在与他人的对象关系中认识自我，以平等的立场和态度对待他人，自觉地实践对他人的关怀和帮助。真正的慈善义举出于对生命价值的敬畏，出于对弱势群体生命价值的尊重。慈善不等于施舍，也不等于恩赐，应该是建立在人格平等、关注生命前提下的一种无私奉献和爱心表达，是一种内心深处的崇高情感，是关心帮助贫困危难者的一种高尚的人文情怀。慈善的最高价值在于尊重人的生命价值和维护人的尊严，慈善是出于爱心不求回报的崇高美德。①

慈善是公众以捐赠款物、志愿服务等形式关爱他人、奉献社会的自愿行为。慈善事业的道德基础主要是通过浓厚的社会氛围体现出来，以公民慈善意识和社会慈善价值观为支撑。因此，慈善行为归根结底是一个道德范畴。可是在具体的慈善行为实践活动中，慈善与道德的复杂关系不能片面的加以理解和评价。慈善动机是一种心理过程或内在驱动力，引导人们从事慈善活动。它属于慈善意识范畴，是对慈善理念、慈善方式和慈善行为实践的认识，反映了慈善过程的主观性和能动性，是慈善行为的基本出发点。在现实生活中人们参与慈善事业的动机和出发点各不相同，有无私奉献型、互助友爱型、同情弱者型、塑造形象型、经济谋划型、政治需要型、沽名钓誉型等。有时慈善行为的实施带有明显的随意性，没有明确的慈善动机，慈善评价就无从谈起。正如石国亮所指出，“慈善属于道德范畴，但是如果用道德作为衡量一切慈善行为的标准，就值得商榷了”②。

① 朱贻庭，段江波：《善心、善举、善功三者统一——论中国传统慈善伦理文化》，《上海师范大学学报》（哲学社会科学版）2014 年第 1 期。

② 石国亮：《论慈善与道德的关系及其他》，《浙江社会科学》2014 年第 2 期。

实际上，慈善包括“慈心”和“善举”两个层面，“慈心”表现为意愿或者情感，属于精神道德层面的内容，是发自内心深处的同情、怜悯、关爱、利他，这归属于道德范畴的慈善意识。慈心为道，善行为德。道德源于心却不一定行于外，因此在具体慈善行为实践中，应具体问题具体分析，考虑行善结果的客观效果，包括行善者的主观动机。随着社会主义市场经济的发展，社会经济成分、分配形式多种多样，参与社会事务的形式和就业方式千差万别，人们参与慈善的行为实践不可避免地会出现不同的发生动机。有的慈善行为具有无偿性，慈善主体出于纯粹奉献，与慈善客体并无利益关系；有的慈善行为基于宗教的教义和清规戒律的指引，出于纯洁、神圣的爱和虔诚的信念、信仰；有的慈善行为是源自伦理道德或公众舆论的压力，有的慈善行为则出于一定的目的，具有功利性。我们应当采取尊重、宽容的态度对待不同的慈善行为，从日常生活的实践层面上，培育和提升人们的精神境界，努力实现价值理想与规范伦理的统一，道德精神与道德实践的统一，坚持捐助者与受助者平等互惠的原则，恪守这样的道德底线，即在慈善活动中行善者、慈善组织、受益者的人格平等。①只要走出慈善一小步，我们就应该给予支持和鼓励。慈善事业的发展和慈善文化的培育需要一个良好的社会环境，如果只从道德角度单一的去评价、质疑和指责慈善行为，有可能陷入形而上的错误，挫伤慈善参与者的爱心和同情心，背离了慈善的人道主义传统，这样也不利于慈善理念和慈善行为的弘扬、传播，不利于慈善事业的可持续发展。

四、慈善与社会保障

1. 社会保障

社会保障（social security）一词最早出自美国1935年颁布的《社会保障法》。1999 年，美国出版的《社会工作词典》将社会保障定义为：“一个社会对那些遇到了已经由法律做出定义的困难的公民，如年老、

① 陈国庆，沈韬：《善的追求》，西安：西北大学出版社，2012 年，第 5 页。

生病、年幼或失业的人提供的收入补助。”《新大不列颠百科全书》对社会保障的定义是：“社会保障是对病残、失业、作物失收、丧偶、妊娠、抚养子女或退休的人提供现金待遇。”国际劳工局对社会保障的界定是：“社会保障即社会通过一系列的公共措施对其成员提供的保护，以防止他们由于疾病、妊娠、工伤、失业、残疾、老年及死亡而导致的收入中断或大大降低而遭受经济和社会困窘，对社会成员提供的医疗照顾以及对有儿童的家庭提供的补贴。”①

“社会保障”一词是20世纪30年代由西方传入我国。不过直到20世纪70年代末期，该名词的使用并没有“社会福利”与“社会救济”广泛。20世纪80年代以后，我国才逐渐用“社会保障”来表达“国家和社会成员对社会基本生活给予保障的社会安全制度的总称”②。

在我国，一些学者根据自己的理解也给社会保障下了不同的定义。陈良瑾在《社会保障教程》中将社会保障定义为：“国家和社会，通过国民收入的分配与再分配，依法对社会成员的基本生活权利予以保障的社会安全制度”③。郑秉文、和春雷在《社会保障分析导论》中认为，“社会保障是与社会主义市场经济的体制基础相适应，国家和社会依法对社会成员基本生活予以保障的社会安全制度”④。郑功成认为，“社会保障是国家依法强制建立的、具有经济福利性的国民生活保障和社会稳定系统；在中国，社会保障应该是各种社会保险、社会救助、社会福利、军人保障、医疗保健、福利服务以及各种政府或企业补助、社会互助保障等社会措施的总称”⑤。

由以上内容可以看出，社会保障是指国家和社会通过立法对国民收入进行分配和再分配，对社会成员特别是生活有特殊困难的人们的基本生活权利给予保障的社会安全制度。社会保障的本质是维护社会公平进而促进社会稳定发展。《中华人民共和国宪法》第四十五条规定：“中

① 孟醒：《统筹城乡社会保障》，北京：经济科学出版社，2005年，第6页。
② 苏延林：《中国社会保障词典》，北京：首都师范大学出版社，1994年，第87页。
③ 陈良瑾：《社会保障教程》，北京：知识出版社，1990年，第5页。
④ 郑秉文，和春雷：《社会保障分析导论》，北京：法律出版社，2001年，第3页。
⑤ 郑功成：《社会保障学》，北京：商务印书馆，2000年，第11页。

华人民共和国公民在年老、疾病或者丧失劳动能力的情况下，有从国家和社会获得物质帮助的权利。国家发展为公民享受这些权利所需要的社会保险、社会救济和医疗卫生事业。”[①] 社会保障体系是国家的社会稳定和可持续发展的重要基础，是国家和社会通过一定的制度、形式和手段向公民提供基本保障的有机系统，分为内涵、层次与功能有所区别的几个组成部分，包括社会保险、社会福利、社会救助和民间慈善四个子系统，目标是在保障民众最低限度生活要求的基础上，逐步提高全体社会成员的生活质量[②]。

2. 慈善与社会保障的联系与区别

社会保障中的慈善指的是社会力量在国家政策与法规允许范围内自发开展的救助行为，包括日常的与临时的救助。社会保障更偏向于政府的组织性、强制性、制度化；而慈善具有非官方性、非强制性、非制度化的民间救助的性质和特征；社会保障是国家意志对互助的伦理关系的确认和保护，慈善是施助者单方面的道德要求，是道德的较高层次。

首先，社会保障和慈善的目的都是减轻人类灾难，促进社会福利，改善生活质量，慈善也属于社会保障体系的一部分。“慈善”概念的实质内容在中国古代社会早就出现过。从内容上来看，可以说我国古代社会保障的主体部分是制度化的国家荒政，它着重应对突发的灾荒和饥馑，也包括围绕灾荒所开展的善后与预防性的救助活动；作为对荒政的补充和辅助，也对社会贫弱群体进行一些非制度性的日常救助，这些荒政和救助都不外乎官办、民办、官民合作这三种基本形式[③]。而这三种救助方式通常是互相影响，共同发挥作用的，它们的救助目标是一致的，即通过实施“善政”或从事“善举”，最终实现维护阶级利益或巩固群体利益的实际意图。同时，慈善与社会保障也是基于人类相互援助

---

① 《中华人民共和国宪法》，http://www.npc.gov.cn/npc/xinwen/2018-03/22/content_2052621.htm（2018-03-22）。

② 王娟：《近代北京慈善事业研究》，北京：人民出版社，2010 年，第 8 页。

③ 王娟：《近代北京慈善事业研究》，北京：人民出版社，2010 年，第 9 页。

的伦理关系基础上的两种规范形态，互助是产生于社会实践基础上的意志化形态，但它是具有必然性、普遍性的客观关系，对它的自觉把握和表达形成各种制度规范，具有派生社会各种规范的基础性。正如黑格尔所指出的：当伦理实体要求变为行为者自由意志的一部分时即为德；当伦理秩序通过思想被“明确规定，并作为法的东西和有效的东西予以公布”时，即为实在法①。慈善属于道德层次，而社会保障属于法律层次。

其次，法制规范是社会保障制度赖以建立的客观基础与依据。现代社会保障制度遵循的是立法先行的原则，是通过社会保障立法来确立社会保障制度，社会保障的本质是维护社会公平进而促进社会稳定发展。而慈善是包括个人和团体的宣传、教育、募捐、捐助、义演、义卖、义诊、义工等行为，是指在政府的倡导或帮助与扶持下，由民间的团体和个人自愿组织与开展活动，对社会中遇到灾难或不幸的人，不求回报地实施救助的一种高尚无私的支持与奉献行为。②它是个人、群体或社会组织自愿向社会或受益人无偿捐助钱物或提供志愿服务的行为，是帮助人们摆脱各种困难、抵御风险和发展社会公益事业的重要途径。它关注的对象是弱势群体及脆弱社会成员，它的行为主体是群体、组织与个人（通过各类慈善组织），它的性质属于志愿性公益事业。③

再次，社会保障制度是中央政府和各级地方政府共同负责的计划。在我国，中央政府制定全国统一的法规、政策和标准，对困难地区提供资金帮助；地方政府根据中央的统一政策制定本地法规、政策和标准，筹集社会保障基金，支付社会保障待遇。慈善是政府行为的一种补充，同时政府行为也是慈善事业发展的助力。政府从国库里调拨钱粮物资实施救济可以不视为慈善，但是政府出面组织设立的一些官办慈善机构，吸收民间资本来实施赈济应该属于慈善的范畴。

---

① （德）黑格尔，范扬、张企泰译：《法哲学原理》，北京：商务印书馆，1962年，第218页。
② 周秋光，曾桂林：《中国慈善简史》，北京：人民出版社，2006年，第6页。
③ 王小波：《试论普通人参与慈善事业的意义、影响因素及其途径》，《道德与文明》2006年第2期。

最后，慈善与社会保障既有联系，又有区别。正如党的十七大报告中指出："加快建立覆盖城乡居民的社会保障体系，保障人民基本生活。社会保障是社会安定的重要保证。要以社会保险、社会救助、社会福利为基础，以基本养老、基本医疗、最低生活保障制度为重点，以慈善事业、商业保险为补充，加快完善社会保障体系。"①这表明进入新时代以来，党和国家把发展慈善事业放在社会保障体系的重要组成部分这样一个高度来认识，明确肯定了发展慈善事业对于建设和谐社会的重大意义。李克强在《2018 年国务院政府工作报告》中也指出："健全社会救助体系，支持公益慈善事业发展。"②当前弘扬慈善精神，发展慈善事业对于满足社会行为主体以奉献爱心来实现自我价值的愿望，培养人的善良意识，提高人的道德水平；有效调剂贫富差距、缓解社会矛盾；实践科学发展观，构建和谐社会，完善社会保障体系，推动社会主义精神文明与思想道德建设均具有重要意义。

第二节　慈善事业及其规律

一、慈善事业的定义

我国慈善事业源远流长，是世界上最早倡行与发展慈善事业的国家，各个历史时期都有其历史特点，早在先秦时期就初步形成了一种制度与模式。汉代兴建"常平仓"，魏晋时期兴起与盛行佛寺慈善活动，隋唐时期仓廪制度发达，两宋时期官方慈善事业发达，明清时期官方和民间慈善事业得到进一步发展。近代以来，随着东西方慈善文化的冲突与融合，中国传统的慈善事业顺应时代要求向近代化转型，赋予了时代

① 胡锦涛：《党的十七大上的报告》，http://cpc.people.com.cn/GB/64162/64168/106155/106156/6430009.html（2007-10-15）。

② 李克强：《2018 年国务院政府工作报告》，http:baike.so.com/doc/27266999-28664221.html（2018-05-05）。

特色。中华人民共和国成立后，由于受“左”的思想影响，慈善事业发展经历过一段曲折，20 世纪 90 年代后才开始恢复和发展。这一时期开始有学者关注慈善事业的发展，他们认为，“慈善事业是一个历史范畴。尽管关于慈善事业的起源有不同的说法，慈善事业在不同的社会形态和社会制度下有不同的表现形式，但从本质上讲，慈善事业是一种救济行为，施惠者与受惠者是慈善事业的两个基本要素，这对不同时代和不同民族的慈善事业来说，具有普遍意义”。[①]厉以宁认为，慈善事业是“第三次分配”“在市场分配和政府分配之后，第三次分配是存在的，这就是在道德力量影响下的收入分配。”“第三次分配是指人们完全出于自愿的、相互之间的捐赠和转移收入，比如说对公益事业的捐献，这既不属于市场的分配，也不属于政府的分配，而是出于道德力量的分配。这种分配在客观中是存在的。社区内的互助共济、对公益事业发展的支持等，都和第三次分配有关”。[②]郑功成在此基础上认为，“慈善事业作为一项有着实质内容的道德事业和现代社会保障体系中的必要组成部分，是指建立在社会捐献经济基础之上的民营社会性救助行为，是一种混合型社会分配方式”。[③]慈善事业以社会成员的善爱之心为道德基础，以贫富差别的存在为社会基础，以社会捐献为经济基础，以民营机构为组织基础，以捐献者的意愿为实施基础，以社会成员的普遍参与为发展基础。慈善事业是一种有益于社会与人群的社会公益事业，是政府主导下的社会保障体系的一种必要的补充。

二、慈善事业的规律

现代慈善事业的本质规律可以概括为如下六个方面[④]。

（1）以社会成员的善爱之心为道德基础。慈善属于道德范畴，慈善行为的非强制性和自愿性，决定了社会成员的善爱之心对慈善事业的

① 张奇林：《论影响慈善事业发展的四大因素》，《经济评论》1997 年第 6 期。
② 厉以宁：《关于经济伦理的几个问题》，《哲学研究》1997 年第 6 期。
③ 郑功成：《现代慈善事业及其在中国的发展》，《学海》2005 年第 2 期。
④ 郑功成：《现代慈善事业及其在中国的发展》，《学海》2005 年第 2 期。

发展起道德支撑作用。一个缺乏对弱者关爱的社会，不可能有真正意义上的慈善事业；一个缺乏善爱之心的社会成员，也不会真正无偿地向慈善机构或社会弱势成员捐献。因此，慈善事业的存在与发展首先需要具备相应的道德基础，即慈善事业只能建立在社会成员善爱之心的道德基础之上，这与政府举办的纳入社会政策或法制的社会保障制度是有根本区别的。

（2）以贫富差别的存在为社会基础。共同贫穷的社会或时代不会产生慈善事业，因为社会成员都需要得到援助，而社会成员又都无能力来帮助他人；计划经济时代的共同贫穷，使慈善事业几乎没有发展的基础。共同富裕的社会或时代也不需要慈善事业，因为社会成员都具备足够的能力来解决自己可能遇到的困难，即使个别社会成员遇到特殊困难，政府与社会也能够通过相应的社会保障制度加以解决，发达的社会主义和共产主义社会将证明这一点。唯有存在着贫富差别的社会或时代，才需要慈善事业，因为只有在这样的社会或时代，构成慈善事业两极的社会成员——有捐献能力者与需要救助者才会并存，慈善事业则成为沟通两者关系并适度平衡其利益的良好途径。

（3）以社会捐献为经济基础。慈善事业不会排斥政府的财政援助，但无社会捐献则无慈善事业，慈善事业生存与发展的经济基础只能是社会捐献，也就是说社会各界尤其是社会成员的自愿捐献构成整个慈善事业生存与发展的经济基础，这是国内外慈善事业发展实践已经证明的一条重要规律。

（4）以民营机构为组织基础。慈善事业虽然可以接受政府的财政帮助并服从法律监督。因此，慈善事业最好由民间团体或非政府组织来承担具体的组织实施工作，这是慈善事业之所以成为一项有益的公益事业而非单个施舍行为的组织基础，也是它作为一项社会性救助事业的重要原因所在。

（5）以捐献者的意愿为实施基础。没有捐献便不会有慈善事业，这种特殊的经济基础决定了慈善组织必须坚持以捐献者的意愿为实施基础，即慈善事业具有捐献者意愿至上的特点。捐献者有权指定慈善组织将资金用于其指定的慈善项目，即使捐献者没有指定专门的用途，慈善组织也应当将其捐献直接用于慈善项目或与慈善直接有关的项目，唯有如此，才不会违背捐献者的本意和慈善事业的本源职责。

（6）以社会成员的普遍参与为发展基础。当慈善行为仅仅是少数人的事情时，慈善事业发展应有的社会氛围就无法形成；只有社会成员的普遍参与，才能形成一种有利的、自觉的促进慈善事业发展的社会氛围，从而使慈善事业具有更加广泛、厚实的经济基础，最终使单一的慈善行为集约成为一项宏伟的事业。

三、慈善事业的意义

发展慈善事业具有重要的理论和现实意义。理论意义在于：首先，发展慈善事业，有利于正确处理效率与公平的关系。慈善事业兼顾效率与公平问题，可以有效地促进社会成员共同进步，从而保障社会的稳定。其次，慈善组织是构建公民社会的重要力量，慈善组织的发展有利于人们之间相互信任、诚实和互助的建立，促进社会规范的形成，构建公民参与网络，让公民、公民性社会组织以主体姿态，以自助、自治的方式组织起来，参与社会管理，参与社会矛盾的解决。最后，慈善事业的发展有利于人类道德素质的提高，可以推动和谐社会的构建。慈善事业可以促进社会各阶层之间的相互理解、沟通和互助，促进城乡之间、地区之间的和谐发展。

从现实意义来看，首先，慈善事业已逐渐成为缓和贫富差别的一种必要手段。近年来，社会力量和公众参与慈善事业的积极性日益增强，在扶老、助残、济困、助学、助医等方面发挥了越来越重要的作用，并逐步向新的公益性领域延伸，一些捐赠项目和重大捐赠活动产生了积极而广泛的社会影响。不仅丰富和发展了具有中国特色的社会保障制度，而且在整个社会保障制度的建设上起到了不可或缺的辅助作用。慈善事业的发展及完善对缩小我国现阶段贫富差距具有很重要的现实意义。其次，慈善事业也是解决我国现阶段弱势群体生活状况的现实选择。据民政部统计，截至2016年底，全国60岁及以上老年人口23 086万人，占总人口的16.7%，其中65岁及以上人口15 003万人，占总人口的10.8%。[①]全国共有孤儿 46.0 万人，其中集中供养孤儿 8.8 万人，社会散居孤儿 37.3 万人。困难残疾人生活补贴人数 521.3 万人，重度残疾人护理补贴人数 500.1 万人。2016 年全国各类自然灾害共造成 1.9 亿人次不同程度受灾，因灾死亡失踪 1706 人，紧急转移安置 910.1 万人次；农作物受灾面积 26 220.7 千公顷，其中绝收面积 2902.2 千公顷；倒塌房屋 52.1 万间，损坏房屋 334.0 万间；因灾直接经济损失 5032.9 亿元。国家抚恤、补助各类重点优抚对象 874.8 万人[②]。如此庞大的弱势群体仅靠政府救助是难以满足需要的，所以在新时代以马克思主义慈善观为指导，大力发展慈善事业对于救助弱势群体是一个现实的选择。

第三节　慈善文化的基本理论

一、慈善与慈善文化

文化是一种行为模式，一种心理积淀，也是一种能够传承的意识形态。广义的文化是社会历史发展过程中物质财富和精神财富的总和，包括物质文化（显性文化）、制度文化和心理文化（隐形文化）三个方面。狭义文化集中在社会意识形态，指人们普遍的衣食住行、风俗习惯、生活方式、行为规范等社会习惯。慈善文化是文化意识形态的一个分支，属于社会文化的一部分。

广义的慈善文化是指与慈善相关的思想观念、组织制度和行为活动的总和。广义层面的慈善文化也可以包含慈善事业。它有以下三个层面的含义：一是观念（意识形态）层面，指社会个体所持的对慈善、慈善

---

① 徐芳：《苏州市城区老年人健身休闲行为调查》，《苏州市职业大学学报》2018 年第 2 期。
② 民政部：《2016 年社会服务发展统计公报》，http://www.mca.gov.cn/article/sj/tjgb/201708/20170800005382.shtml（2017-08-03）。

观念、慈善行为的认可程度、总体价值评价及系统的道德观念，包括爱心、善心、感恩、利他观念、社会责任感，乐善好施、扶贫济困的传统美德、风俗习惯、个人信念和信仰及财富观念等，还包括社会成员对他人尤其是社会弱势群体的关注和关心程度。[①]二是制度（社会制度、生活制度、家庭制度）层面，指人类在慈善发展历史过程中所形成的组织部门、慈善机构，以及为促进慈善事业发展所制定的道德规范、规章制度和法律法规。三是行为层面，指社会成员在慈善行为实践基础上所从事的自愿性、无偿性救助活动。现代意义上的慈善活动往往通过管理规范的社会慈善组织，把可汇聚的财富集中起来，用于无力自行摆脱贫病危困的受助者。这其中既包括善款和善物捐赠，当然也包含相对应的慈善行为和志愿服务。

狭义的慈善文化主要是指建立在慈善思想和慈善价值基础上的观念文化，是指人们通过一定的慈善活动和志愿服务践行慈善理念的一整套价值体系和道德行为规范[②]，意义在于弘扬慈善精神，倡导慈善理念，提高民众慈善意识，促进人与人、人与社会的和谐、进步与稳定。其核心是以人为本的价值观，内涵包括基于爱心、人文关怀、社会责任感、利他主义、理性财富观、志愿精神等理念的综合。慈善文化体现了一种帮扶弱者、关爱他人的服务意识，是一种参与社会公益事业的志愿精神，也是一种提升自我道德修养的内在要求。狭义的慈善文化更注重慈善文化的观念层面，因为现代意义上的慈善文化是基于对和谐、稳定、美好生活的追求和向往，注重纯粹的社会公益性，强调社会平等、社会道义和社会责任，更多地考虑调节社会贫富差距，兼顾社会分配的公平性。作为社会文化系统的一个重要组成部分，慈善文化已经渗透在社会发展的各项事业中，推动经济发展，引导社会认知和价值倾向，同时作为第三次财富分配的手段在缓和社会矛盾、促进社会稳定和构建社会和谐等方面发挥了巨大作用。无论广义还是狭义，慈善文化是社会文

① 武菊芳，薛涛：《关于我国慈善文化建设的多维思考》，《河北师范大学学报》（哲学社会科学版）2011年第1期。

② 陈东利：《论当代中国企业慈善文化的构建》，《哈尔滨商业大学学报》（社会科学版）2012年第5期。

化系统的重要组成部分，慈善文化的核心是要培育和践行仁慈、良善和利他主义的价值观。

慈善文化是由慈善意识、慈善价值观、慈善行为、相关法律制度所构成的总和，起着规范、引导、推动慈善事业发展的作用，是慈善事业发展的“灵魂”。慈善文化是影响慈善事业发展最根本的要素，对慈善事业的发展起着决定性的作用。慈善是人类的精神家园，以慈善事业为基础的慈善文化，承载着人类崇高美好的道德情感和博爱精神，传递着奉献、友善、互助、感恩等慈善价值观念。慈善文化是一种积淀、传承和心理，将慈善文化内化为每一个个体自知自觉的道德意识，上升为社会群体的普遍模式和行为习惯，逐渐升华为每个公民的责任和义务，是实现慈善文化影响力的有效途径，也是提升公民道德素质和精神境界的必由之路。慈善文化具有“文治教化”的功能，通过“乐善好施”“助人为乐”风尚的引领和熏陶，进一步发扬奉献友爱的人道主义精神，营造“人文关怀”的良好社会环境，鼓励和引导人们广行善举，积极投身社会公益事业，这将为慈善事业的发展提供不竭动力，同时也有利于促进社会主义精神文明建设，促进社会的和谐有序发展。

慈善文化是社会主义文化的重要组成部分，现代意义上的慈善文化是基于对和谐、美好生活的追求和向往，注重社会道义，强调社会责任，更多地考虑社会分配的公正性，把从社会得来的利益，再回报给社会，具有自愿性、社会性、平等性的特点，与公民社会有不可分割的关系；其核心是利他主义价值观，其精髓在于个人对正义、和平和集体福祉负有不可推卸的责任；博爱、给予、利他、济世是慈善文化的基本内容。深厚的慈善文化对发展慈善事业、弘扬先进文化、缓解社会矛盾、构建和谐社会具有重要的战略意义。[①]

---

① 张维：《慈善文化：慈善事业发展的原动力》，《成都大学学报》（社会科学版）2007年第4期。

二、中国传统的慈善文化

自古以来，中国人民就有着乐善好施、扶贫济困、尊老爱幼、扶弱助残的传统美德，这些传统美德体现了中华民族独特的慈善文化，在中华大地上世代弘扬，历久不衰。虽然慈善一词是佛教传入中国以后才使用的，但慈善思想和文化在中国早就已经出现了。[①]中国的传统文化中包含着丰富的公益慈善思想。具体来说，有西周以来的民本主义思想；儒家的仁爱思想的利他情怀、大同思想的泛爱利他；佛教的慈悲观及因果报应的行善积恶说；道家的尊道德的公益伦理思想和道教修仙利他的公益伦理思想。

1. 儒家：仁义之慈

儒家文化是中国两千多年传统社会的主流文化，其最基本的伦理思想是注重人道。其中“仁义”是儒家思想的核心内容，整个儒家文化都围绕着“仁义”这个中心而展开，并在此基础上衍生出民本思想、大同思想等观念，从而成为中国慈善思想最主要的理论渊源，对后世慈善事业的发展产生了深远影响。基于儒家思想注重仁义的特点，我们将儒家的慈善观归结为“仁义之慈”。

“仁”是儒家伦理思想体系的核心内容。孔子以“爱人”来释“仁”，提出“仁者爱人”（《论语·颜渊》）之说，并将其作为人的本性，这可视为古代社会朴素的人道主义观念的阐发。民本思想即以民为本的思想。它是古代慈善观的一个源泉，也是我国慈善事业重要的思想基础。“仁者爱人”是遵循一定的伦理秩序的，自“孝悌”开始，孝悌是仁爱的“原点”。“仁”的本义是协调人与人之间的关系，而人与人之间的关系，最根本的就是血亲关系。孔子正是注意到这一点，从而要求人之为人必须追溯这一本真的德行。作为孔子思想最正宗的衣钵传人，孟子继承并发展了“仁者爱人”（《孟子·离娄下》）的学说，并在“性善论”的基础上，通过对人性的深刻反思，

① 王卫平：《论中国古代慈善事业的思想基础》，《江苏社会科学》1999 年第 2 期。

进而使儒家慈善观得到了新的发展。在他看来，仁是人的本性之中所固有的一种内在的情感——恻隐之心或不忍之心，也就是人所固有的同情心。这也正是人们从事各种社会慈善活动的动机所在，所有仁爱之行、慈善之举都发自人们内心深处。缘于此，人们恻隐之心的道德感情也就直接发展成道德行为。

汉代“独尊儒术”后，儒家思想成为中国封建社会的统治思想，孔孟之道得以继承与发扬。从韩愈的“博爱”到张载的“民胞物与”，仁爱思想一脉相承，并得到发扬光大，对中国传统社会的道德构建和慈善实践产生了深远的影响。

2. 佛教：修善济世之慈

东汉时期，佛教传入我国。佛法东传后，在与中国传统伦理的不断碰撞融合中，逐步实现了本土化。佛教本身亦趋向一种劝善化俗之道，以通俗的教化劝导人们止恶从善。佛教寺院刚一建立，济贫事业就相随发展起来。佛教教义中蕴含着丰富而深刻的慈善思想资源。

善恶是中国佛教文化中关于心性论的一对范畴。在印度佛教中，它原指心性的净染。《大乘义章》卷十二有言：“顺理为善，违理为恶。”《成唯识论》卷五也说：“能为此世他世顺益，故名为善”；反之，违损此世他世则恶。由此看来，佛教最初的善恶观是以能否契合佛理为标准，凭染净来作为善恶的尺度。具体而言，顺应佛法、佛理是善，心地清净无染是善；违理背法是恶，烦恼痴迷是恶。于是佛教就制定了一系列戒律约束信徒，以断恶修善。至于行善的方法，佛教也有其特别的论述，诸如“修福田”“布施”等。所谓福田，就是行善犹如农民播种于田，必有秋收之获，多行善事于前，将会受诸报于后。“福田说”即以此为譬，劝导世人多行善举，多积功德。这成为佛教教义中最有影响力的慈善思想内容。至于布施，大乘佛教就认为，“以己财事分与他，名之为布；己惠人，名之为施”（《大乘义章》十二）。它还将布施分为财布施、法布施和无畏布施三种[①]。除布施外，佛教还讲爱语

① 财布施是施舍财物，济人贫匮之苦；法布施是讲授正法，破迷开悟；无畏布施是帮助他人免除畏惧，使之身心安乐。

与利行，以此度众生。这就是说，佛教徒应该与众生结缘，同舟共济，同甘共苦，逐渐指引他们修德行善，劝勉佛教徒“诸恶莫做、众善奉行”，为芸芸众生逃去劫难，度向来世。这种自利利他、自觉觉人的行愿精神，不仅对出家僧尼和在家居士有着导引意义，而且对广大群众也有一种世俗伦理和舆论习尚的约束力，使人们慈心向善，慈心行善。久而久之，乐善好施、济人贫苦就成为一种社会风尚，也成了中华民族传统美德的一个重要内容。

3. 道家：劝善成仙之慈

道家文化是中华传统慈善文化中的重要一脉。《老子》《庄子》及其他道家（教）的文化典籍中，蕴涵了十分丰富的伦理思想，是古代中国传统慈善文化进程中一个重要的思想源头。

道家的始祖老子，主张“见素抱朴，少私寡欲”（《老子·十九章》）的自然人性论。在他看来，最好的道德规范是使人回到原始自然的素朴状态之中去。他说：“圣人之治也，虚其心，实其腹，弱其志，强其骨，恒使民无知无欲也。”（《老子·三章》）老子认为，人性本是无知无欲的，后来人们由于纯朴的原初自然本性的丧失，而产生了私心欲望，从而使社会争斗不息，动乱不已。老子认为，人从自然人性到有私欲的转变，从“不自私”到“自私”的转变，是违背人的自然本性的，必须复归到“见素抱朴，少私寡欲”的“本然状态”中去。基于这种思想，他提出了自己的伦理道德观和国家观。他说：“大道废，有仁义；智慧出，有大伪；六亲不和，有孝慈；国家昏乱，有忠臣。”（《老子·十八章》）“绝圣弃智，利民百倍；绝仁弃义，民复孝慈。”（《老子·十九章》）他认为，在原始的自然状态中，人与人之间没有对立、礼节、阶级、忠信，人家彼此互助互爱，人不独亲其亲，不独子其子，达到了普遍的孝慈。

作为道家的创始人，老子提出人世间应遵循“道”的规律，人人向善，善待芸芸众生。“善者吾善之，不善者吾亦善之，德善。”（《老子·四十九章》）这种观点经过逐步升华，便成为后人劝善去恶的慈善道德基础。庄子继承和发展了老子的思想。他认为人们可以通过修养得

“道”升天，得“道”之人就是“真人”，其途径就是做善事。只要做善事顺应自然，就“可以保身，可以全生，可以养亲，可以尽年”（《庄子·内篇·养生主第三》）。就此而论，老子和庄子的行善积德不仅仅只具有养生论的意义，更具有处世论和济世论的意义。其思想格调是清新高远的，意境也是恢宏博大的。

三、当代大学生慈善文化

（一）当代大学生慈善文化的内涵

当代大学生慈善文化是我国慈善文化中非常重要的一个方面。大学生慈善文化是通过学校、教师对大学生所从事的有关慈善意识培养、慈善理念形成及慈善行为引导过程中所形成的思想、价值、精神的总和，属于慈善文化研究的范畴，也是校园文化的一部分。大学生慈善文化内涵表现在以下四个方面。

（1）物质层面是指大学生慈善文化培育过程中所需的硬件设施。慈善物质文化是一种外显文化，慈善文化的物质载体包括体现慈善文化教育内容、实现慈善教育目标的有形材料，比如课程计划、课程标准、教学大纲、教学工具、绩效考核标准、教学辅助材料、教材等。

（2）制度层面是指学校组织的慈善活动、志愿服务活动、规范师生慈善行为及慈善捐赠的规定、办法、规章制度等。比如，《对困难学生实施奖助学金的规定》《鼓励大学生进行志愿、义工服务的规定》，对贫困生的帮扶等。

（3）行为层面是指大学生在慈善活动和慈善实践过程中所产生的具体活动，包括大学生服务社会、参与慈善活动的捐赠行为、受捐行为和志愿者行为等。

（4）精神层面是指大学生所表现的慈善意识形态、慈善价值观念，所践行的慈善理念和所弘扬的慈善精神，营造的慈善文化氛围，孕育的慈善文化环境等，属于意识形态和思想范畴，它是慈善文化的核心内容。[1]慈善精神文化有助于激发慈善心、公德心、博爱心、感恩心，引导着大学生慈善文化的发展方向和价值目标。开展大学生慈善文化培育还要贯穿以下几个理念。

第一，人文关怀的理念。人作为一个独立的社会存在，在人生的各个阶段都需要被尊重、接纳、认同，关爱他人和被人关爱是一种基本的心理需要和精神安慰。现代慈善倡导人格平等，蕴含强烈的人本理念和他者意识，一切慈善救助行为都应当以尊重生命和尊重人格为前提，以人文关怀理念和道德自觉来支撑慈善行为，基于“爱心”和“善心”，学会爱、学会感恩的学生才能更深刻地理解别人，才能在“善念”的引领下主动地去帮助别人。

第二，关爱他者的责任理念。责任意识包含更多的道德理性，使慈善的爱心表达升华为道德义务，成为日常的一种普遍行为和生活方式。慈善主体借助慈善行为获得道德体验，实现自我社会价值，慈善客体通过享有社会正当权益接受捐赠，体现社会公平正义。大学生在社会责任承担过程中应发展积极的他者意识，从个体融入社会，实现个体的“小我”到“大我”，建设性地看待他人，助人为乐，乐于奉献，激发自己的爱心。

第三，正确对待财富的理念。慈善文化倡导一种理性的财富观。卡耐基认为富人的责任是“成为生活简朴无华的典范”。[2]“每个人的机会都是均等的，上帝赐予富人财富的机会，同时也将帮助穷人的担子加载富人的肩膀上；富人应将财富看作上帝给他们的一个责任，管理好社会委托自己管理的资本，在有生之年，好好规划安排，将这些财富运用地恰到好处，回馈广大劳动者，回报社会。”[3]卡耐基的这种财富观阐释了财富的真正意义，慈善即一种生活方式，在分享社会赋予的条件和机遇时，也应该尊奉社会的基本价值，承担回报社会、奉献社会的责任。

第四，义工、志愿者高尚的理念。参与义工的志愿服务是在自愿的、无偿的条件下参与推动人类发展、促进社会进步的一种活动，志愿

① 亢晓梅，齐兰芬：《学校现代慈善文化教育探讨》，《当代青年研究》2009年第9期。
② 黄晴：《美国慈善文化的渊源》，《人民日报》2006年7月12日，第7版。
③ （法）托克维尔著，董果良译：《论美国的民主》，北京：商务印书馆，1988年，第29页。

精神体现了个人对人生和社会的积极态度，它所体现的互助合作、社会参与、平等友爱、独立自主及无偿奉献等意识构成了慈善文化的重要内容，是推动慈善事业发展的重要源泉和精神动力。

（二）当代大学生慈善文化的特征

大学生慈善文化具有以下基本特征。

（1）自发性。慈善文化的形成受到一定文化区域内经济、政治、思想等综合因素的影响，具有一定的社会属性，从内部无形地制约着人的思想，使人不自觉的产生某种趋向的态度和行为。慈善文化的这种自发性可以在社会实践中善加利用，发挥其积极的、建设性的作用。大学生慈善文化宣扬博爱、给予、感恩、济世等观念，倡导利他主义价值观和理性财富文化观，可以对大学生的人生观、价值观产生着潜移默化的深远影响，有助于营造健康、向上的文化精神。

（2）趋向性。慈善文化本质上属于一种“集体无意识”，既反映个体的从众心理，又体现社会整体的心理定式，其社会约束力和同化力促使个体按照慈善文化所指向的价值观念行事，个体在这一过程中实现自身价值，获得社会认可，内心认同逐渐发展成集体心理、趋向文化的一致。大学生慈善文化秉承提高大学生人文道德素养和引领社会和谐发展的使命，这与校园文化建设的目标是一致的。

（3）能动性。慈善文化作为一种社会意识，必然是社会存在的直接反映，同时又受到其他各种社会意识的影响，对社会存在产生能动作用。教育是慈善事业发展的基础，大学生接受了高等教育，是国家的人才，也是思想传承的重要践行者，承担着为社会发展提供价值导向和思想道德建设的功能。大学生慈善文化知识的掌握和慈善理念的养成，也影响着整个社会慈善文化的发展，有利于慈善事业健康持续发展。

大学生慈善文化培育的重点在于培养大学生的慈善意识，引导大学生践行慈善实践活动。慈善意识的培养有助于提升大学生思想道德素质，激发大学生参与慈善的热情和愿望，通过建立强烈的心理需求去追求主体的内在价值。作为一种自觉的心理反应，慈善意识有助于大学生的慈善认知发展到慈善情感，进而形成慈善动机，推动其参与慈善活动，并在慈善行为实践中提升自己的思想道德修养，增强个人的社会责任感，引领其拥有正确的人生观、价值观和财富观。道德对于慈善事业的发展具有根本意义，慈善意识的道德教化作用能从内心激发大学生的爱心，激发大学生的关怀和责任意识，促使慈善信念的内化，提升慈善行为自觉性，使慈善事业真正为构建和谐社会服务。

（三）当代大学生慈善文化的基本内容

相对于其他的慈善文化，大学生慈善文化的基本内容主要包括五个方面，分别为慈善理论知识、爱心培养、感恩教育、利他观念和参与意识培养。慈善知识大体可以分为四类：一是慈善基础理论，通常以概念性知识为主。二是慈善行为知识，比如捐赠，义工、志愿服务等。三是相关慈善法律法规以及社会习俗、传统。四是慈善内在素养——伦理道德品质和责任义务要求，即善心、爱心、感恩、利他等。①

慈善文化事业是以爱心为前提和基础的，爱心使慈善事业取得了不凡的成绩。爱心表达体现了人类最深沉、最美好的情感，传递着个体对自己、他人和世界深厚真挚的情意。爱也是人所具有的一种主动力量，它可以摧毁人与人相分离的“墙垣”。爱心培养基于人性关怀，以个体的完善、幸福、和谐与美好为目标。当然，爱心的培养还包括尊重教育和人格平等意识的培养，在超越传统的施舍和恩赐的概念上让学生理解建立在人格平等基础上的互助互爱、共同进步的现代慈善。

感恩是一种情感、认同和回报，对他人、社会和自然给予的恩惠表示感谢，是一种处世哲学，也是生活中的大智慧。感恩是对“善心”“善举”的正面肯定，作为一种积极正面的行为，这种肯定可以强化人内心的正能量，使人自知自觉的付出爱心。感恩教育需要运用一定的教育方法和教育手段，实施施恩、记恩、谢恩、报恩的情感教育和道德教育。对大学生进行感恩教育有利于传播慈善理念，鼓舞大学生关注慈善，参与社会慈善事业，改善德育环境，有助于大学生将感激之情转化

---

① 齐兰芬，亢晓梅，黄建玲：《学校慈善文化教育研究》，《天津市财贸管理干部学院学报》2009年第3期。

为回报社会、服务社会的实际行动，有利于培养其对家庭、学校、国家的社会责任感和奉献精神。

利他教育的内容包括对大学生进行有关利他理论知识的传授和利他行为培养。利他行为出于一种自觉自愿的利他精神，为别人获取方便和利益，而不期望任何精神或物质的奖赏。利他是慈善的一个目的，随着大学生社会责任感和行为能力的增强，适当的知识教育和精神鼓舞会促使其做出更多利他行为。慈善源于心而行于外，参与慈善是指学生基于责任意识参与慈善的行为和实践，大学生自我意识不断发展，独立意识不断增强，他们通过关注自身，关注自己与他人的关系，去证明自己的价值，获取社会的认可。慈善正好为大学生提供了一个实践平台，在付出劳动、时间、精力和爱心的同时，感悟到奉献的快乐，感受到自己对于社会的价值。

爱心、感恩和利他观念属于个人道德情感层面，归属德行伦理，公平、正义、责任属于公民道德，归属规范伦理。根据柯尔伯格（1927—1987 年）的三水平六阶段道德认知发展理论，这两种伦理价值类型体现了大学生个体道德发展的过程，即从个人道德转化为公共道德。慈善文化培育的任务就是促进大学生道德发展超越个人层面。慈善是心灵的升华，在大学生的成长过程中，让其情感之爱向德行之爱转变需要慈善文化潜移默化的引导与感化。通过慈善文化循循善诱的熏陶和教育，大学生慈善意愿增强，形成慈善文化自觉，慈善意识进一步内化，即慈善个体从精神和行为上认同“慈善”的意义和价值。当然，大学生慈善文化培育还需要兼顾两个方面：一是对慈善主体——捐助者的教育。大学生是未来从事慈善工作和参与慈善事业的主体，通过慈善文化培育促进慈善意识的普及，提高慈善参与度，以教育促发展，推进我国慈善事业的进步。二是对慈善客体——受助者的教育。通过感恩回馈教育提高受助者道德意识和责任意识，报效祖国，回报社会。

四、慈善文化的重要性

慈善文化是中华民族传统美德的重要组成部分。发展慈善文化，充分体现了中华民族好善乐施、扶贫济困和一方有难八方支援的传统美德，中华民族的传统美德是新时期发展慈善事业的重要支撑点。市场经济的竞争机制使追逐个人价值与经济利益的实现成为社会成员新的道德准则，而政府又不能强迫社会成员牺牲个人利益，如果没有一种新的互助友爱机制，社会成员之间关系冷漠、个人利益至上就有可能走向极端。慈善文化的本身就是社会成员之间奉献爱心、团结互助的显示，如果有更多人都能够参与到慈善活动中去，则社会的文明道德必定会发扬光大。社会主义思想道德体系的核心是集体主义、爱国主义和全心全意为人民服务。发展慈善事业是建设社会主义思想道德体系的重要措施。通过发展慈善事业，可以提升人们的道德关怀，强化人们的集体意识和政治责任感。因此，慈善文化是社会主义思想道德体系的组成部分，同时也是先进文化的有机组成部分。

慈善文化是健康财富观的具体体现。财富的拥有者不仅拥有财富使用权，更应在财富消费中融入不可或缺的人文精神、社会关怀和对弱势群体的救助及更多的社会责任，这是财富与生俱来的一种内涵和文化。正确地看待自己的财富并将他们处置得当并非易事，对此，美国钢铁大王安德鲁·卡内基在《财富的福音》一书中指出，富人“只有三种方式可以处理剩余财富：第一种是留给家族后代，第二种是遗赠给公共事业，最后一种是由财富所有人在有生之年妥善处理。迄今为止，这个世界上集中在少数人手中的绝大多数财富都采用了第一种和第二种处理方式。”他认为只有“最后一种方式能够真正矫治目前的财富分配不均，使富人与穷人彼此和解，和谐相处；并且不必像激进主义者所主张的那样彻底革新现存秩序，也不用完全推翻我们的文明。”[①]安德鲁·卡内基等人都做了第三种选择，成立了规模巨大的慈善基金会以“即时行善”。这些人在进行慈善活动的过程中，向世人展现出一种善待财富、善用资源的美好的价值观。

慈善文化是推进社会和谐发展的积极力量。任何一个经济体制成熟

① （美）安德鲁·卡内基著，杨会军译：《财富的福音》，北京：京华出版社，2006年，第8、12页。

的国家，社会财富都要经历三次分配：第一次，市场分配，注重效率。第二次，税收分配，体现公平。第三次，慈善分配，平衡社会各阶层关系。面对当前社会发展过程出现的一些不和谐现象，政府出台的各项政策和制度以其刚性和约束性虽然能够化解部分矛盾，但刚性的制度安排不可能包办解决所有的社会问题，因为它可能不具备道德、精神、文化方面的功能，而社会的和谐并不完全是刚性的规范与约束，还需要自觉自愿的行动，慈善正是建立在自觉参与基础上为公众利益服务的事业。而浓厚的慈善文化会使倡导关爱之心、追求共同富裕成为一种社会风气，最终也会演化出共同的行为准则，催生出一种新的道德理念，从而为推进第三次分配、建立一个更为和谐的社会奠定基础。

第二章　近代陕西传统慈善事业发展的环境

近代陕西慈善事业的兴起不仅有客观的自然环境因素，还有着深刻复杂的社会历史背景，并且与晚清以来中国社会政治、经济、文化等各方面的变迁有紧密的联系。近代以来，陕西地区天灾人祸、战争频繁，导致难民数量极为庞大，他们被迫流离失所，迫切需要赈济与其他救济形式，这就使得慈善事业更加的不可或缺。同时，由于社会环境的变动，出现了新的经济因素，都市工商业日渐繁荣，这也为慈善事业所需的善款提供了主要的经济来源①。

第一节　近代陕西的人文地理环境

一、自然地理环境

1. 地理条件

陕西位于中国地理版图的中心地区，总面积约20.58万平方千米，

① 周秋光，曾桂林：《近代中国慈善论稿》，北京：人民出版社，2010年，第51页。

南北跨度较大约有880千米，东西窄约200—500千米。陕西分为陕北、关中、陕南三部分，中间由北山山脉和南山山脉（即秦岭）隔开。陕西境内山河俱佳，绵延黄河、渭河等河流；秦岭更是横断陕西南北，太白山、华山、骊山、终南山无一不是打烙了自然和人文的双重印迹。陕北地区位于北山山脉以北，地势西北高，东南低，其南部处于黄土高原地区，北部是毛乌素沙漠地区。陕北黄土高原海拔800—1300米，约占全省总面积45%。其北部为风沙区，南部是丘陵沟壑区。陕西的关中地介于北山山脉和秦岭之间，关中盆地是由河流冲积和黄土堆积而形成的，地势平坦，土质肥沃，水源丰富，机耕、灌溉条件都很好，是陕西自然条件较好的地区，号称“八百里秦川”。秦岭以南的陕南地区地形复杂，基本属于山地类型。

近代陕西地区的自然条件总体来说比较艰苦，自古以来就是自然灾害高发地区，旱、水、雹、霜、风等气象灾害，地震、滑坡、地陷、泥石流等地表灾害，瘟疫、病虫害、鼠灾等生物灾害几乎是连年不断，一些重大的灾害，曾使西北地区的经济和社会生活受到毁灭性打击。例如，1556年1月23日，发生于陕西华县的8级大地震导致83万人死亡，人民生命财产蒙受了巨大的损失；1928—1929年，西北地区大旱灾，使数百万人饥饿死亡，社会经济多年萧条①。

2. 气候条件

陕西属于大陆季风性气候，由于南北延伸约880千米，所跨纬度较多，从而引起境内南北之间气候的差异十分明显。长城沿线以北为温带干旱半干旱气候、陕北其余地区和关中平原为暖温带半干旱或半湿润气候、陕南地区基本上属于北亚热带大陆性湿润季风气候。这样的气候条件决定了全省温度的分布，基本上是由南向北逐渐降低，各地的年平均气温在7℃到16℃之间。其中陕北7℃到12℃；关中12℃到14℃；陕南的浅山河谷为全省最暖地区，多在14℃到16℃。由于受季风的影响，冬冷夏热、四季分明。最冷月1月平均气温，陕北零下10℃到零下

① 袁林：《西北灾荒史》，兰州：甘肃人民出版社，1994年，第4—5页。

4℃，关中零下3℃到1℃，陕南0℃到3℃。最热月7月平均气温，陕北21℃到25℃，关中23℃到27℃，陕南24℃到27.5℃。春、秋温度升降快，夏季南北温差小，冬季南北温差大。

因为受山地地形影响比较显著，陕西年降水量的分布是南多北少，由南向北依次递减。全省春季少于秋季，春季降水量占全年的13%到24%。冬季降水稀少，只占全年的1%—4%。暴雨始于4月，于11月结束，主要集中在7月到8月。初夏汛雨出现在6月下旬后期到7月上旬前期，在此期间，暴雨相对集中，关中、陕南出现洪涝较多。如此多变的气候乃是陕西天灾频发的因素之一。

二、社会历史环境

陕西有着悠久的历史，是中华民族的摇篮和中华文明的发祥地之一：从史前的蓝田人到黄帝、炎帝，从奴隶社会的西周王朝到一统天下的秦始皇嬴政，再到汉唐盛世，曾一度是我国的政治、经济、文化中心所在。陕西历史上是周、秦、汉、唐的政治中心，有“秦中自古帝王都”（杜甫《秋兴八首·其六》）之称，十三朝古都在此建立，西周、秦、西汉、东汉（末年）、新莽、西晋（末年）、前赵、前秦、后秦、西魏、北周、隋、唐13个王朝，曾在陕西建都，历时1300多年。陕西也是我国对外交往活动最早的地区之一，从西汉时起，长安便与许多国家有频繁的交往，著名的“丝绸之路”就是以长安为起点，它促进了汉代和以后我国同南亚、西亚及欧洲各国的经济和文化交流；到了唐代，长安同我国东方、南方诸邻国及欧洲各国交流更加密切①。

在陕西，尤其是自然地理环境优越的关中平原，是我国农耕文明和传统文化最为发达、积淀最为深厚的地方。关中平原，又名渭河平原或关中盆地，春秋时为秦国属地，故又称秦川。它西起宝鸡，东迄黄河，南依秦岭，北至陕北高原。关中平原，西狭东宽，长约三百六十多千米，面积达五万余平方千米，号称“八百里秦川”。它经渭河、泾河和

① 刘洪：《中国国情》，北京：中共中央党校出版社，1990年，第703—704页。

洛河等河流冲积，土壤肥沃，又有着丰沛的水源和温暖的气候，使它成为我国传统农耕文明的一颗明珠。著名的郑国渠建于春秋战国时期。中华民族的始祖轩辕黄帝的陵冢，它的所在地在关中平原北部洛河支流沮水之溪的桥山。渭河沿岸以我国古代帝王将相陵墓之多而著名，遗留下人民创造的灿烂的历史文化艺术。

历史名城西安，古称长安，位于关中平原中部，南依秦岭，北临渭河。由于关中平原优越的自然地理条件，它丰富的物产足以支撑封建王朝在此定京建都，再加上它四周关隘险峻，易守难攻，是所谓“四塞之地”（《资治通鉴》卷九《汉纪一》），又使封建王朝在此定京建都具有安全保障。因此，在很长的历史时期，西安成为我国政治、经济和文化的中心，文化积淀十分深厚，它深深浸染着生活在这块土地上的人们①。

清末和民国时期陕西地区的社会环境复杂，战争颇多。陕西对我国新民主主义革命做出了重要的贡献，陕北地区更是中国革命的圣地。1935 年 10 月，中央红军到达陕北，同陕甘红军会合，1937 年党中央进驻延安。从 1936 年到 1948 年，延安和陕甘宁边区曾是党中央所在地，毛泽东等老一辈无产阶级革命家在这里生活战斗过 13 年，领导全国人民取得新民主主义革命的伟大胜利，留下了大批宝贵的革命文物、革命纪念地和丰富的精神财富——陕北延安革命精神。

第二节　近代陕西社会的贫困化与病态化趋势

一、自然灾害频发

近代陕西地区自然灾害频发肯定是原因众多，但自然灾害的发生并不仅仅是自然环境的突变。孙中山先生是较早并且较为鲜明地系统阐述

① 田中阳：《黄土地上的文学精魂——从区域自然地理环境对文学的影响观陕西作家群》，《湖南师范大学社会科学学报》1996 年第 1 期。

政治对灾荒的影响的人物，他曾有过这样的分析：“中国人民遭到四种巨大的长久的苦难：饥荒、水患、疫病、生命和财产的毫无保障。……其实，中国所有一切的灾难只有一个原因，那就是普遍的又是有系统的贪污。这种贪污是所有饥荒、水灾、疫病的重要原因，同时也是武装盗匪常年猖獗的主要原因”①。尽管他的论断由于服务于革命而过多地强调政治对灾荒的影响，但是相较于人们将这种灾害归结于“天象”，无疑是已经有了巨大的进步。

所以灾荒不仅仅只是自然条件恶化所导致的结果，它往往与社会问题互为因果关系，尤其是在近代中国社会，自然灾害在很大程度上就是社会环境恶化在自然界的反映。反过来看，灾荒一旦发生，给人类社会生活带来的打击也是极其严重的。历史上每一次重大灾荒的发生，都必然要对当时的社会生活产生巨大而深刻的影响。就像黄宗智指出的那样，20 世纪 30 年代华北地区的小农经济在当时的农业技术条件下，已经把耕作集约性发挥到了极点，而多灾低产的旱作农业体制和助长高密度人口的国家体制相结合，就不可避免的造成了这一地区经济的贫困，使该地区的生活水平远低于其他地区。灾荒除了对经济发展和统治秩序产生深刻影响外，还深深地影响着社会生活的其他方面，“从统治政策到社会观念，从人际关系到社会风习，这种影响也许是间接而稳定的，但恰如水银泻地，无孔不入”②。因此，对灾荒的救治与对因灾荒而产生的相关社会弱势群体的救助就显得相当有必要。

而陕西具有承东启西、连接南北的特殊位置，南北长、东西窄，分属三个不同的自然地理区域（陕南山地、关中平原、陕北黄土高原），而且跨越亚热带、温暖带、中温带三个气候带，复杂的自然地理环境以及温度、湿度等种种因素导致陕西成为多种自然灾害频发并且危害严重的省份之一③。

---

① 广东社会科学院历史研究室，中国社会科学院近代史研究所中华民国史研究室，中山大学历史系孙中山研究室编：《孙中山全集》第一卷，北京：中华书局，1981 年，第 89 页。

② 李文海：《序言》，夏明方：《民国时期自然灾害与乡村社会》，北京：中华书局，2000 年。

③ 王旭瑞：《陕西灾害形式分析与对策》，杨尚勤，石英，江波主编：《陕西社会发展报告（2009）》，北京：社会科学文献出版社，2009 年，第 63 页。

自然灾害，顾名思义，是由自然原因造成的，就这个意义而言，是天灾造成了人祸。人生活在一定的自然环境之中，同时也生活在一定的社会条件之下，自然现象同社会现象从来不是互不相关而是相互影响的①。人类归属于大自然，也生存于大自然，既受到自然界的恩惠，又受到自然界的惩罚，水旱风雹，地震滑坡，山崩海啸，瘟疫虫害，不期而至，自然灾害使人类付出了众多的生命和财产，有人说，人类创造的物质财富有一半耗损在各种灾害之中②。在为数众多的自然灾害中，仅就旱灾而言，陕西有句俗语："五年一小旱，十年一大旱"。就旱灾的特征来看，陕北以春旱和夏秋连旱为多，关中以夏旱为多，陕南以夏伏期干旱为多。

进入近代以来，陕西的旱荒次数更加的频繁。据不完全统计，从1840年到1949年的110年间，陕西省有旱灾纪录的年份达81年，几乎年年都有旱灾。其中发生在10州县以上范围的中等旱灾约有38次，平均每3年一次；发生在全省范围的大旱灾有8次，即1846年、1867年、1877年、1892年、1900年、1920年、1929年和1941年，平均14年1次；而发生范围超出本省，持续干旱时间在3年以上的特大旱灾竟达4次，即1877年、1900年、1920年和1929年，平均28年1次③。

1913年，随着全国行政区域调整，陕西省也废除了府州厅，省下分关中、汉中和榆林三道。以下是古今灾区转换的陕西范围，大区中的行政地区略有合并，地级市所在地区按县对待。各区间隶属关系如表2-1，与1987年的《中华人民共和国行政区划简册》差异不大。

表 2-1　陕西省行政区概况④

	大区	地区	县
陕西	关中	西安	西安、长安、高陵、蓝田、户县（今鄠邑区）、临潼、周至
		铜川	铜川、耀县（今耀州区）、宜君

① 李文海：《世纪之交的晚清社会》，北京：中国人民大学出版社，1995年，第381页。
② 袁林：《西北灾荒史》，兰州：甘肃人民出版社，1994年，第1页。
③ 李德民，周世春：《论陕西近代旱荒的影响及成因》，《西北大学学报》（哲学社会科学版）1994年第3期。
④ 袁林：《西北灾荒史》，兰州：甘肃人民出版社，1994年，第316—317页。

续表

	大区	地区	县
陕西	关中	宝鸡	宝鸡、岐山、凤翔、扶风、千阳、眉县、陇县、太白、麟游、凤县
		咸阳	咸阳、礼泉、泾阳、永寿、三原、彬县（今彬州市）、兴平、长武、乾县、旬邑、武功、淳化
		渭南	渭南、韩城、蒲城、潼关、白水、华阴、澄城、华县、合阳、富平、大荔
	陕北	榆林	榆林、绥德、神木、清涧、府谷、子洲、佳县、横山、米脂、靖边、吴堡、定边
		延安	延安、安塞、洛川、子长、黄陵、延川、富县、延长、甘泉、宜川、志丹、黄龙、吴旗
	陕南	商洛	商县、山阳、洛南、镇安、丹凤、柞水、商南
		安康	安康、岚皋、旬阳、紫阳、平利、石泉、镇坪、白河、汉阴、宁陕
		汉中	汉中、留坝、镇巴、城固、南郑、洋县、宁强、佛坪、勉县、西乡、略阳

近代陕西地区的人们由于受到生产条件、工具及现实情况的限制，多是“靠山吃山，靠水吃水”，即“靠天吃饭”，又由于无法很好的调动人的积极主动性来改变恶劣的环境，使自已生活得更好。所以一旦天降大祸于人间，人民就遭受各种痛苦，吃不饱穿不暖也是常有的事，若再加上人祸并行，他们就只能依靠外界的支援来生存下去。这一时期的天灾人祸大致可以分以下三个阶段来概述。

第一阶段是1840—1911年天灾频发。如1846年西安、同州、凤翔、乾州等府州属，大旱收成屡歉，冬来少雪，二麦又未种齐；秋季，关中积月亢旱，谷价骤昂，民之告饥者过半①。1862年，西安冬季，咸宁冰冻奇寒；十二月醴泉大寒，人多冻死。1877 年夏秋两季，陕西大旱，蒲城县饥民饿殍载道，人相食。秦晋历冬经春及夏不雨，赤地千里。秦晋毗连，树皮草根掘食殆尽，人相食，道殣相望，其鬻女弃男，指不胜屈，为百余年来未有之奇②。各种天灾，致使民不聊生，嗷嗷待哺。 据不完全统计，自 1876 年到 1878 年，仅山东、山西、直隶、河南、陕西北方 5 省卷入灾荒的州县总数为 955 个。而整个灾区受到旱灾及饥荒严重影响的居民人数，估计在 1.6 亿到 2 亿左右，约占当时全国人口的一半；直接

① 袁林：《西北灾荒史》，兰州：甘肃人民出版社，1994 年，第 525 页。
② 袁林：《西北灾荒史》，兰州：甘肃人民出版社，1994 年，第 537 页。

死于饥荒和疫病的人数，至少也在 1000 万以上；从重灾区逃亡外地的灾民不少于 2000 万[①]。自 1878 年 5 月至 1879 年底，由上海协赈公所解往直隶、河南、陕西、山西四省灾区的赈款共计白银 470 763 两[②]。

第二阶段是 1911—1937 年天灾人祸并发。如 1928 年，陕、甘等十三省遭旱灾，被旱 535 县，灾民 3339 万余人。同年自春至秋，滴雨未沾，井泉枯竭，泾、渭、汉、褒诸水平时皆通舟楫，当年夏季断流，车马可由河道通行，多年老树大半枯萎，三道夏秋收成统计不到二成，秋季颗粒未收，春耕又届延期。当时省会麦价每石增至 30 元上下，其他边远交通滞碍之处，如定边、合阳等处，麦每石 60 元，无处可买。陕南各地更以历年捐派过重之故，均已告罄，人们无钱买粮，其他树皮草根采掘已尽，赤野千里，树多赤身枯槁，遍野苍凉，不忍目睹[③]。1928 年至 1932 年，陕西连续 5 年发生大旱，继又风、雹、蝗、水、鼠疫等灾害并发，人称“民国十八年年馑”，全省 92 县，县县有灾。据当时统计，全省共饿死 250 余万人，占全省总人口 940 余万的 26.6%，其中武功一县就饿死 70 241 人，占全县总人口的 54.4%[④]。基本上从 1928 年到 1930 年冬，三年不雨，六料未收，全省灾情尤以武功、扶风、醴泉、咸阳等为最重，真所谓十室九空，饿殍遍野，为祸之惨，空前未有。1933 年，《西京医药》记载，据全省 35 个县市不完全统计，霍乱患者 254 857 人，死亡 102 243 人[⑤]。1935 年，西安市浐河、灞河溃决成灾。7 月 4 日，大雨趋降达 6 小时，沣河、太平河、滈河同告决口，造成水灾。这一段历史也许是每一位研究陕西近代灾荒史的学者都避免不了的，民国十八年年馑，堪比一座近代陕西的地狱。民国十八年的陕西特大灾害，表面上与气候反常自然相关，更多的是由于政治腐败、农民负担沉重、连年战争、社会动荡导致灾荒异常的惨重。因此，从民国十八年陕

① 刘仰东，夏明方：《灾荒史话》，北京：社会科学文献出版社，2000 年，第 57 页。
② 《公启》，《申报》1879 年 4 月 8 日。
③ 袁林：《西北灾荒史》，兰州：甘肃人民出版社，1994 年，第 572—573 页。
④ 陕西省地方志编纂委员会编：《陕西省志》第 1 卷《大事记》，西安：三秦出版社，2003 年，第 306 页。
⑤ 陕西省地方志编纂委员会编：《陕西省志》第 53 卷《民政志》，西安：陕西人民出版社，2003 年，第 429 页。

西的年馑成因看，是人祸甚于天灾①。正如当时美国一个查灾团来陕视察灾情后的一句话来说：陕西的灾荒“大概是人祸，天灾很少”②。

第三阶段是1937—1949年天灾人祸不减。如1942年，榆林、府谷、神木等 8 县大旱，灾民遍野，春荒尤为严重，夏秋又有 8 个县遭受水灾，其中平民县8月3日，洛、渭、黄三河暴涨，淹没耕地28.8万亩，全无收成。1938 年 11 月 18 日，日机 19 架分四批第一次轰炸西安。陕西省政府为防日机空袭，发布布告，疏散西安居民。1938 年 11 月 20 日到 12 月 12 日，日机三次轰炸民房300余间。1945年，陕西大旱，波及70 县，其中关中 39 县，陕南 19 县，陕北 12 县。略阳县入春不雨，麦豆枯死，秋不能下种，饿死46人。华阴、蒲城、白水、富平、泾阳、三原、耀县（今耀州区）、同官（今铜川）、长安、鄠县（今鄠邑区）、武功、宜川、商县、镇安、柞水、城固等县也是入春不雨，均遭狂风，麦苗枯死，收成无望，有的县又遭黑霜灾害。

综上所述，近代陕西人民不但频繁遭受各种各样严重的自然灾害，还时而不时掺杂着人祸带来的危机，导致人民生活贫苦，严重时甚至吃穿的基本生存条件都无法维持，可见自然灾害严重威胁人民的生命财产安全。这也加剧了近代陕西地区贫困化、病态化的趋势。

二、频繁的自然灾害给陕西地区带来的危害

第一，贫富两极分化的加剧。近代陕西自然灾害频发，加速了近代陕西社会的贫困化趋势和陕西地区社会阶层的贫富两极分化。每次灾难都让陕西损失惨重，如 1929—1930 年西北大旱灾使关中地区的人口损失极为惨重。据有关调查，凤翔、三原、蒲城等县 219 个村庄因频年旱灾而死亡者，每村平均 328 人，死亡人口实占人口总数的 13.2%；其中

---

① 安少梅，王建军：《陕西“民国十八年年馑”巨灾的人祸因素分析》，《西安文理学院学报》（社会科学版）2008年第4期。

② 李德民：《论近代陕西旱荒的影响及成因》，《西北大学学报》（哲学社会科学版）1994 年第3期。

尤以凤翔数字为最高，达 15.4%①。灾荒发生后，当地广大灾民很快就变得一无所有。为了活命，房屋家具、牲畜农具早已或拆或卖，卖妻鬻子的事例也屡见不鲜，更何况土地。“自己之土地，非不欲保持其所有，无奈不得已也。”②农民被迫典当以至最后卖掉土地（表 2-2），造成土地集中，农民进一步贫困化。

表 2-2 1928—1933 年陕西渭南、凤翔 8 个村押出田数比较③

村户类别	押出田数占所有田数的比例%				押出田数占押出总数的比例%			
	1928 年		1933 年		1928 年		1933 年	
	渭南	凤翔	渭南	凤翔	渭南	凤翔	渭南	凤翔
地主	—	—	—	—	—	—	—	—
富农	—	—	6.37	—	—	—	6.88	—
中农	7.92	0.52	9.52	8.37	62.55	11.22	24.87	41.15
贫农	6.13	1.78	26.13	4.67	37.45	88.78	68.25	58.85
其他	—	—	—	—	—	—	—	—
全体	5.26	1.15	15.24	5.15	100.00	100.00	100.00	100.00

第二，相伴而生的政治与经济危机。乔志强在《中国近代社会史》中指出，所谓社会问题是指脱离一般社会规范的社会性越轨行为，它是一种社会病态④。近代中国逐渐陷入内外交困的时局之中，严重的社会危机是导致晚清政府、民国政府及各种社会力量主动或被动改造传统慈善救济事业的根本现实因素，救济思想、救助对象、慈善家群体等无不受到社会形势的深刻影响，处于西北内陆的陕西省也不例外。近代以来尤其是甲午中日战争后，帝国主义对中国的掠夺、奴役及其相互之间的争夺与妥协，使中国大地笼罩着“亡国灭种”的阴霾，尽管晚清政府采取的“新政”取得了一定的成效，但是由于政治制度改革的滞后，只能称为一纸空文。政治危机往往与经济危机相伴而生。晚清社会，民族资本主义在夹缝中艰难生

① 蒋杰：《陕西关中农村人口现状》，《中央日报》1937 年 1 月 27 日。

② 董成勋：《中国农村复兴问题》，上海：世界书局，1935 年，第 187 页。

③ 郑磊：《民国时期关中地区生态环境与社会经济结构变迁（1928—1949）》，《中国经济史研究》2001 年第 3 期。

④ 乔志强：《中国近代社会史》，北京：人民出版社，1992 年，第 467 页。

存，广大农村地区残破不堪，晚清时期经济危机四伏的一个主要表现就是财政体系的崩溃，繁重的苛捐杂税是近代政治与经济危机向普通百姓的转嫁，是社会危机直接而鲜明的具体体现之一。

第三节　近代陕西资本主义生产方式与救济思想的发展和传入

任何一项社会活动或社会事业无不受到当时社会环境的制约。近代西方先进的资本主义生产与生活方式传入陕西以后，对陕西社会的许多方面产生了深刻影响。

一、交通

具体到慈善救济而言，以新式的交通、通讯、新闻舆论等为代表，它们或便利救济物资的调配，或加速救助对象的区域流动，或监督与制约救济事务的运转，或宣传新型慈善思想等，从整体上对中国传统慈善活动的近代转型发挥刺激与推动作用[①]。所以，近代陕西地区的慈善活动必然也要放在波澜壮阔、风云变幻的社会环境中进行考察。

1. 铁路

传统的交通工具耗时特别长，不利于救灾物资和人员的转运。近代思想家薛福成极力提倡将新的交通工具尤其是铁路和救济思想结合起来，他认为兴建铁路可以方便快捷地运送物资节约时间，“有修路之工，有驾驶之工，有巡回之丁，有路旁短送之车马，有上下货物伺候旅客之夫役等”[②]。民国初期，全国各大城市开始修建铁路、公路等近代

① 王娟：《近代北京慈善事业研究》，北京：人民出版社，2010年，第55页。
② 薛福成：《创开中国铁路议》，《庸庵海外文编卷二》，上海：醉六堂，清光绪二十三年（1897年）石印本。

道路设施，火车、汽车、电车、轮船等近代交通工具开始引进，从而使中国交通工具发生了一场革命性的变化，大大方便了人们的生产和生活，显示了巨大的生命力①。它们对慈善事业的作用不可估量。1905年，陕西布政使樊增祥建议接办西潼铁路，并先行修筑西安至潼关 50 里铁路。陕西巡抚曹鸿勋饬委樊增祥担任西潼铁路总办，迅即厘定开办章程。1906年，陕西、甘肃两省在京官绅奏准筹办陕甘铁路。1931年，陇海铁路已经通车至陕西潼关；1934 年，陇海铁路修到了西安，西潼公路客货运输基本被火车取代。

2. 公路

1915 年，督理陕西军务的陆建章从北京弄来一辆小型旧汽车，这是陕西有汽车之始。1919 年 10 月 22 日，陕西官绅张藩、贾菩生、刘宗向、苏兆祥等拟集资 50 万元，以商办性质，在西安筹办西堂汽车股份有限公司，开办西安至河南观音堂之间的汽车运输，与火车衔接，方便客商。1929 年 4 月，韩清芳等人集资购买汽车，在西安西大街设立“华通汽车公司”，并在武功等地设了两个汽车站，要求开办西安至凤翔之间的客货运输，得到了陕西省建设厅的批准，该公司是陕西省第一家由私人集资开办的汽车运输公司。1935 年 12 月，西兰公路重修工程彻底完工，西安至兰州，小汽车两日半可到，大卡车 4 天可达。1936 年 11 月，川陕公路汉中至宁羌段通车营业。

二、通信

在救济活动中，尤其是面对突如其来的自然灾害与战争等，时间就意味着生命，而在尽可能短的时间里获得最直接有效地信息，往往有助于救助的成功。古代传统救济的实践已经充分证明，由于信息的滞缓与闭塞，致使救济效率极端低下，救济功能也大打折扣。因此，信息的及时传输与沟通对慈善救济事业至为关键。西方资本主义工业文明

① 朱汉国等：《20 世纪的中国——走向现代化的历程（社会生活卷 1900—1949）》，北京：人民出版社，2010 年，第 233 页。

的产物——先进的通信工具电报与电话，随着洋务运动的开展而传入中国，它们在近代中国慈善救助事业的开展中逐渐扮演重要角色，做出了功不可没的贡献。①

近代陕西地区的先进通信工具虽然不及北京、上海等城市早，但也在 19 世纪末有了属于自己的电话电报局。如 1889 年，商办西安电报局创设，由周少治任总办，张怡村任会办，韩继云任帮办。与此同时成立的还有潼关电报局。②1912 年，英国人罗士在西安东大街北侧靠近钟楼的地方，修了一座砖木结构的两层楼房，规模大、建筑美观，作为陕西第一个办理邮件汇款的邮局。1914 年秋，陕西出席北京政府财政会议的代表康寄遥，用 7000 元从上海买回电话机百部及器材等，架线通话，设电话局于西安钟楼。但是在当时看来，这座电话局的营业范围非常小，仅警察局、各大机关、学校设有话机可用，普通的群众交费后也可以使用。1935 年，陕西广播电台在西安南院门成立。国民政府为了改善通信条件，于 1944 年初创建了中心制长途电话网，以重庆、衡阳和西安为中心，形成了辐射式电路③。

三、新闻舆论

作为近代新型大众传播媒介的报纸，被许多思想家和政治家加以重视。早期维新思想家郑观应将报纸的普及与变法自强、开通民智积极联系起来，并大力倡导设立报馆。晚清至民国时期陕西地区的近代报纸也是层出不穷。许多报纸对当时的慈善救济活动和慈善思想有过较多的报道，在一定程度上扩大了近代慈善事业的社会影响。20 世纪以后，现代传媒为清末民国以来的民间义赈提供了方便，由社会名流倡导组织义赈机构，通过报纸杂志和其他大型活动宣传灾区情况，在各地发起募捐活

---

① 王娟：《近代北京慈善事业研究》，北京：人民出版社，2010 年，第 59 页。

② 陕西省地方志编纂委员会编：《陕西省志》第 1 卷《大事记》，西安：三秦出版社，2003 年，第 264 页。

③ 朱汉国等：《20 世纪的中国——走向现代化的历程（社会生活卷 1900—1949）》，北京：人民出版社，2010 年，第 276 页。

动，由全国募捐赈款。这种方式动员了社会各界的力量，影响面大，在政府无力救助时发挥了极大的作用[①]。

1874 年正月，左宗棠刊印《种棉十要》《棉书》，饬令陕西、甘肃两省各属设局教习纺织、以欲生计。光绪二十三年（1897 年）六月，弃官回乡的原山西布政使经历阎培棠与于右任的弟子毛昌杰自筹资金，在西安德福巷创办了陕西最早的一份民报——《广通报》。该报积极倡导维新，宗旨是“评论时政，开启民智，宣传改良维新，废除八股旧习”。阎培棠自任社长兼总编辑，请时任陕西渭南知县樊增祥题写报头。主笔的有当时陕西著名学堂——游艺学塾校长肖开泰、陕西名绅王执中，记者有民主先驱于右任、改革派官员宋伯鲁等。内容主要是转载《时务报》、《万国公报》和《申报》的时论文章和新闻报道，也刊载拥护维新变法的诗歌和专论，宣传废八股、兴学校、倡商务、举工艺、主维新等改良思想。该报半月出报 1 期，每期 1 册，20 多页，采用木刻印刷技术，发行将近一年，达到数百份。《秦中书局汇报》的创办人李有棻（1842—1907 年），字芗垣，江西萍乡人，曾任陕西按察使、布政使、护理陕西巡抚、江宁布政使、护理两江总督等职。光绪二十二年（1896 年）十一月一日，陕西布政使李有棻创办了《秦中书局汇报》，抚辕文案吴廷锡任主编，报馆秦中书局位于长安梁府街（今青年路）。这是陕西第一次出版的书册式官办报纸，为小 16 开书册形状，高约 20 厘米，宽 15 厘米，文字自右而左竖排，内文是文言，木刻活字印刷，半月出报 1 期，每期 20—30 多页不等，装订成线装书册，从形式和内容均近似于后来的杂志。其宗旨是宣扬“中学为体，西学为用”，以政论为主，主张在保皇、洋务和改良三派中选择“三条大路走中间”的洋务派观点。内容包括谕旨、明道、理财、治兵、商务、洋情等栏目[②]。1920 年 1 月 20 日，当时在京的陕西学生团在“五四运动”之后改组为陕西旅京学生联合会，创办了《秦钟》，并作为其会刊，传播新文化，反对陕西督军的黑暗统治。《秦钟》是五四时期学生社团创办的地方性刊物，

① 杨志娟，杜国云：《自然灾害与近代西北荒政及社会救济》，《西北第二民族学院学报》（哲学社会科学版）2008 年第 6 期。

② 李紫若：《晚清陕西报刊业探略》，《哈尔滨师范大学社会科学学报》2015 年第 4 期。

它以唤醒陕西民众为己任，介绍新文化与知识，将文化传播与变革社会紧密联系起来，以解决陕西实际问题、落实新文化理论。《秦钟》在办刊方式、文化思想等方面深受五四新文化的影响，是新文化在陕传播的重要渠道[①]。同年7月15日，《鼓旷日报》创刊。该报由省议会议员田芝芳创办，主笔张仞鸣。它最早把马列主义和社会主义思想介绍给陕西读者。先后发表的重要文章有《俄国工联会之实力》《列宁的演说》《布尔塞维克主义论》《民主主义论》《劳动与休息》《反对婚姻专制》等多篇，还不时报道俄国革命后各方面的情况，连载过李大钊的《各国妇女参政运动》讲演词。1921年4月停刊[②]。

四、西方近代救济思想与模式的影响

西方近代救济思想与模式传入中国后，开始对中国社会及知识分子产生了一定的影响，也一定程度上推动了近代陕西地区慈善事业的发展，自1840年以来，中国社会对西方救济思想与模式的学习，大体也可分为以下三个阶段。

第一个阶段是两次鸦片战争前后，一些地主阶级的改良派与早期的维新思想家开始对西方的救济设施和机构进行了初步的介绍。比如，冯桂芬率先介绍荷兰的救济救灾情况，“荷兰国有养贫、教贫二局，途有乞人，官若绅辄收之。老幼残疾入养局，廪之而已……”。[③]这个时期是向西方救济思想学习的初级阶段，具有铺垫作用和开创意义，特征是多停留在简单的描述，尽管流露出明显的向往与羡慕情绪，但是借鉴西方积极的救助思想模式从而开展的实践救助活动，则基本没有出现。

第二个阶段是从洋务运动到戊戌维新期间，一些乡绅慈善家与进步

---

① 杜波：《五四新文化传播中的〈秦钟〉》，《新闻知识》2015年第3期。

② 陕西省地方志编纂委员会编：《陕西省志》第1卷《大事记》，西安：三秦出版社，1996年，第289页。

③ 冯桂芬：《收贫民议》，沈云龙主编：《近代中国史料丛刊》第七十五辑，台北：文海出版社，1972年，第717—718页。

的思想家、政治家不但向国人大量介绍很多西方的教养救济机构，而且开始有意识地进行对比，抨击我国落后的传统慈善观念和不合理的救济手段、内容，显现出强烈的批判意识与积极的进取精神，并且正式提出以“教养”的方式对贫困者进行救助的观点与言论。维新运动期间就进入大力的宣传与推进阶段。论者大多从解决财政危机、抨击传统救助机构的弊端与提高救济效果等方面重点进行论述。19世纪七八十年代，以一些出洋驻外公使为代表的有识之士，对西方的社会救济进行了较为详尽的介绍。例如，驻英公使馆副使刘锡鸿在其出洋日记中，对英国政府实施的一些救济政策大加褒扬：“英人无业而贫者，不令沿街乞丐，设养济院居之，日给飨餐，驱以除道造桥诸役。故人知畏就逸，转致自劳而自贱，莫不奋发以事工商。国之致富，亦由于此”[①]。从西方借鉴过来的这些重视教养的慈善救济思想，反映在具体的实践上就是开始创办一些教养型慈善机构。尽管所开设的习艺机构仍然主要传授传统的手工业技术，所设立的具有慈善功能的学堂也不过是主要讲授儒家经典，但毕竟它们是对传统施养型救助方式的一种实质性的突破，同时也对下一阶段教养救助模式的广泛推广发挥了重要的衔接作用。

第三阶段是在19世纪末至20世纪初。经过半个多世纪“欧风美雨”的洗礼，资产阶级维新派、革命派及其他有识之士，在对比了中西救济事业的基础之后，逐渐趋向于强调两者的契合之处或共同点，这是本阶段中国慈善救济思想变化一个主要特征。19世纪末至20世纪初，康有为、孙中山等人在考察中西救济事业异同的时候，极力提倡西方社会的福利救济观念与中国传统的慈善思想相互结合[②]，原因就在于两者有着极大的契合之处[③]。可以看出，他们将中国“治平之道”与西方“财政之源”进行对比的实际用意并非仅仅在于区别两者之不同，而是极力寻找出两者的相合之处或者契合点，以便引导国人接受与模仿西方的慈善救济模式。近代西方国家的救济模式演变过程主要也有以

① 钟叔河：《走向世界丛书：英轺私记》，长沙：岳麓书社，1985年，第95页。
② 田毅鹏：《西学东渐与近代中国社会福利思想的勃兴》，《吉林大学社会科学学报》2001年第4期。
③ 蔡勤禹，李元峰：《试论近代中国社会救济思想》，《东方论坛》2002年第5期。

下几条线索：一是在救济责任主体方面，政府逐渐替代宗教性慈善救济而对社会成员承担生活保障的责任。二是在救济对象范围方面，逐渐从单一的救济贫困者，转向对全体社会成员进行基本的生活保障。三是在具体救济模式方面，逐渐从施舍衣食等物质性救济，转向提供工作机会与传授谋生技能等[①]。正是由于晚清时期这些先进的思想家、政治家与慈善活动家的积极推进，西方的慈善救济思想与教养救助模式开始传入中国，慈善救济事业由此越来越多的得到社会的关注。

总而言之，在慈善与社会救济领域，通过早期出洋考察的学人、士绅和官员的传播和思想先驱的鼓吹与倡导，中国传统慈善救济思想发生了深刻变化，吸收了西方国家近代先进的济贫思想和实践经验，充实和扩大了慈善救济的内容与对象，使慈善事业有了近代公益事业的特征，树立了教养并重的救济理念和通过发展经济、改善民生的富国养民思想[②]。同样在这一过程中，也对陕西的慈善事业发展起到了潜移默化的作用，使之发展有了可借鉴的蓝本，也打下了一定的理论基础与实践基础。

第四节　清代前中期陕西的慈善事业

一、清代慈善机构

清代中前期慈善事业的发展主要表现在慈善救济机构的普及，包括养济院和普济堂。清代的养济院设于州县一级，由官府拨款经营，它一般只收养本籍的孤老，在乾隆初年还规定了各省应收名额，一般因其地的人口数量和经济发展水平的不同而有所差异，“乾隆初年陕西省养济

① 王娟：《近代北京慈善事业研究》，北京：人民出版社，2010年，第65页。
② 任云兰：《西方慈善救济思想在近代中国的传播与影响分析》，《天津大学学报》（社会科学版）2007年第9期。

院的例收定额为2191人”[1]。陕西在这之后又设普济堂，两者有所区别：都以孤贫为收养对象，前者以收养贫病老人为主，后者则比较强调贫困的残疾之人[2]。

清代的慈善机构有普济堂、养济院、广济堂、博济局、育婴堂、恤嫠局、栖留所、留养局、掩骼社、同仁局、施药局等。依其性质可分为四类，即普济堂类、育婴堂类、恤嫠局类与掩骼施药类。前三类机构拥有救济灾歉，解民潦倒无依之功能。[3]入清以后，慈善组织的数量增多，功能比较齐全。有救济落水者的救生局、救济孤老的安济堂、收容流民的栖留所，有抚恤寡妇的敬节会、儒寡会、恤嫠局等，有收养孤儿的育婴堂、恤孤堂、广仁堂、留婴局等，还有恤及生灵万物的放生局、惜字会之类的善堂、善会。清代这些慈善组织基本上涵盖了社会福利中所需要救济的方方面面。

1740年，《钦定康济录》刊印出版，倪国琏编纂，这是一部历代慈善救济活动的汇录。1834年，《筹济篇》刊刻出版，杨景仁辑，是清代一部重要的慈善思想资料汇编[4]。清代前期据《续修陕西省通志稿》第五册卷七记载，清代陕西设有养济院的有咸宁县、临潼县、兴平县、高陵县、鄠县、蓝田县、三原县等51处。各养济院一般均定有条规，收养有定额。乾隆年间（1736—1795年），西安府设有养济院、育婴堂、露泽院、留养所、恤嫠局，收养孤老、贫病、寡妇、游民。乾隆二年（1737年），陕西省各养济院共收养孤贫2191人。乾隆四年（1739年），养济院还收养鳏寡孤独疲癃残疾之穷民。延至清末，陕西的养济院仍很多，仅西安府还保留有6处[5]。

---

① 周秋光，曾桂林：《中国慈善简史》，北京：人民出版社，2006年，第151页。

② 王卫平：《普济的理想与实践——清代普济堂的经营实态》，《江海学刊》2000年第1期。

③ 刘永刚：《论清代陕甘地区的慈善机构及其运作》，《延安大学学报》（社会科学版）2007年第3期。

④ 周秋光，曾桂林：《中国慈善简史》，北京：人民出版社，2006年，第446页。

⑤ 陕西省地方志编纂委员会编：《陕西省志》第53卷《民政志》，西安：陕西人民出版社，2003年，第493—494页。

二、清代慈善赈济活动

清康熙三十年（1691年）六月，陕北府属，耀州、同州、乾州、凤翔府属诸县，飞蝗蔽天，民饥。夏秋两季，关中地区东西二府各县，及陕南商洛、兴安府属诸县，大旱，被灾地区达 50 余府州厅县，沣渭断流，夏秋无收，饥荒与疾疫并发，民饥毙、流亡过半。十月，清廷始闻西安、凤翔等处荒旱，年岁不登，民艰粒食，流徙过半等情形。钦命内阁大学士布喀速往陕西踏勘灾情，并命陕西督抚速报赈济所需形。十一月，钦差布喀奏报陕西被灾情形。清廷命免陕西被灾地方康熙十一年（1672 年）额征银米。并拨山西省藩库银 25 万两，解赴陕西，赈济饥民。清康熙三十一年（1692 年）三月，咸阳、武功、高陵等地又大风雪，夏无麦，斗米银六七钱，民大饥。清廷先后拨户部官银 100 万两，又从山西省拨库银 10 万两，运襄阳米 10 万石，赈济陕西饥民。同年二月，钦命差往陕西赈济灾民之户部侍郎阿山，草率行事，奏报不实，对陕西灾民流徙一无所知，清廷震怒，以为官庸劣，将其革职[①]。道光元年（1821 年）八月，西安府属瘟疫盛行，民间传染者甚多。时逢陕西乡试，应试士子因病身故者数人。陕西巡抚朱勋请捐备药饵散给，并给已故者衣棺，其余以盘费送回原籍。清廷准允，如有不敷，即于省存公项酌量动支[②]。道光二十八年（1848 年），陕西凤邠盐法道崇纶怜悯贫民动辄摈弃婴孩，在西安端履门前创设育婴堂，自院司道府以及各州县纷纷捐款赞助。育婴堂内雇佣乳妇，由收婴孩多寡而定，另雇公务员、炊事员各一名。育婴堂内还附设牛痘局。延聘痘医一名。于春季开始种牛痘，按十日为一卯。每年记点十卯左右，约种婴孩 2000 名，均按卯开单报核。[③]光绪三年（1877 年）5 月 12 日，陕西地震，夏、秋大旱。蒲城县饥民饿

① 陕西省地方志编纂委员会编：《陕西省志》第 1 卷《大事记》，西安：三秦出版社，2003 年，第 228 页。
② 陕西省地方志编纂委员会编：《陕西省志》第 1 卷《大事记》，西安：三秦出版社，2003 年，第 243 页。
③ 陕西省地方志编纂委员会编：《陕西省志》第 1 卷《大事记》，西安：三秦出版社，2003 年，第 248 页。

殍载道，人相食。9 月 16 日，陕甘总督左宗棠捐银 1 万两，分备陕西及甘肃庆阳赈务之用。10 月 20 日，清廷命户部即行拨银 5 万两，解赴陕西赈济，交陕西巡抚谭钟麟核实散发[1]。可见，传统社会慈善赈济的主要力量是国家，其次才是其他组织、团体和个人。

① 陕西省地方志编纂委员会编：《陕西省志》第 1 卷《大事记》，西安：三秦出版社，2003 年，第 261 页。

第三章　近代陕西慈善事业的发展历程

近代陕西地区慈善事业继承了慈善救助和慈善教育这一传统，一是继续重视济贫助困、赈灾救荒等传统型的慈善活动。二是将范围拓展到文化教育、医疗卫生、工商经济等方面，并开始显露身手，不断设立慈善医院（学校、工厂）或者习艺所等，同时实施了许多以工代赈的慈善团体和慈善机构，让实物救济与劳务谋事两相并重。

第一节　晚清时期陕西的慈善事业（1840—1911年）

一、慈善组织以及团体

近代陕西地区的社会福利事业大致有以下几个方面：一是清代由官办和个别富绅举办一些慈善、救济机构。二是中华民国时期由政府和红十字会创办一些慈善、救济机构，社会上有些慈善家出资创办一些慈善事业，还有外国教会创办的一些慈善、救济机构[①]。

---

① 陕西省地方志编纂委员会编：《陕西省志》第53卷《民政志》，西安：陕西人民出版社，2003年，第493页。

清代及民国时期，陕西地区设有救济机构，并附设收养场所。同时地方政府倡导慈善团体承担一部分社会救济工作，其善举主要有施棺席、施衣服、施茶水、施医药，举办收容机构、兴办义学等；这一时期陕西西安有各种善堂 50 多个，虽然多少有些善举，但均系封建迷信组织，中华人民共和国成立后均被取缔，成立了“西安市会馆管理委员会”，财产一同登记。

1846 年 5 月，捐局成立。陕西巡抚在西安设立陕西省捐局，筹办“番务”经费。道光二十八年（1848 年），陕西省西安府所建的育婴堂也几乎同样的是纯官营的①。此后陕西设有育婴堂的还有汉中府、凤翔府、合阳县等，有的育婴堂附设在养济院②。

1854 年 3 月，捐钱局设立。为解决财政困难，经过户部奏准，陕西巡抚王庆云开始设捐钱局。1871 年，西安书局创办。陕甘总督左宗棠捐款创办西安书局，刊刻六经等典籍，印发府厅州县。1873 年，陕西开始筹备建立恤嫠局。1874 年，西安府知事李慎择地设立恤嫠局，收养无力自给的寡妇。1878 年前后，山西、直隶、陕西、河南灾荒严重，郑观应与江浙士绅盛宣怀、经元善、严作霖、谢家福等人在沪设筹赈公所，筹赈捐济晋、豫、直、陕等省灾民，其率先将其母陈氏遗留下来的一千两银子捐纳。③。1879 年 5 月 5 日，陕西赈务告竣。自上年 9 月 1 日至本年 6 月底停赈，各属赈济饥民 314 万人，共用银 230 余万两，用粮 110 余万石。

义仓又称义廪，是我国古代社会民办粮仓的一种，为官督而绅办。民办粮仓分为义仓和社仓，义仓在县一级政府所在地设置仓廪，而社仓则普及范围较大，一般在村镇设仓。隋开皇三年（583 年）长孙平被征拜为度支尚书，他见天下州县多罹水旱，百姓不给，奏令民间每秋家出粟麦一石以下，贫富差等，储之闾巷，以备凶年，名曰义仓。隋文帝表

---

① （日）夫马进：《中国善会善堂史研究》，北京：商务印书馆，2005 年，第 273 页。

② 陕西省地方志编纂委员会编：《陕西省志》第 53 卷《民政志》，西安：陕西人民出版社，2003 年，第 494 页。

③ 莫文秀，邹平，宋立英：《中华慈善事业：思想、实践与演进》，北京：人民出版社，2010 年，第 79 页。

彰并采纳其建议。唐太宗于贞观二年（628年）再置义仓，王公以下一般百姓亩纳粟（麦、稻、粳亦可）2升以备灾年赈给，由官府管理。唐高宗永徽二年（651年）改为按户出粟，上上户五石，余各有差。唐代自武则天末年起，便以义仓粮解决国家财政困难。清光绪三年（1877年）关中大旱，饿死多人，朝邑一带尤其严重。光绪八年（1882年）由东阁大学士、户部尚书、军机大臣朝邑人阎敬铭（图3-1）倡议修建丰图义仓（图3-2），光绪十一年（1885年）竣工，动用白银三万余两，竣工后绘制详细图样报闻朝廷，慈禧太后朱批为“天下第一仓”，此仓建成后十多年，就遇上光绪二十六年（1900年）的关中大灾荒，丰图义仓开赈放粮，活人无数，阎敬铭被人们尊称为“救时宰相”。

图3-1　阎敬铭

图3-2　“丰图义仓”全景[①]

丰图义仓坐落在今大荔县朝邑镇仰圣堡（南寨子）村内，巍然屹立于黄河西岸老崖上，是仓城合一的建筑，占地面积约20余亩，分内城和外城，外城高7.7米，西有城门，东开小门。城外筑城挖壕，固若金汤。内城像一座壁垒森严、历经沧桑的军事古城堡，坐北向南，高14.89米，东西长133米，南北宽83米，占地11 039平方米。仓壁用大砖环砌周垣，南面洞开东仓、西仓两门，中部照壁上镶有“丰图义仓”（图3-3）

① 《朝邑古镇“丰图义仓”：仍在使用的古代粮仓》，http://nb.people.com.cn/n/2015/0619/c365650-25296536-2.html（2015-06-19）。

四个石刻大字。仓库建于仓城墙体之内，环内城一周排列窑洞58面，每孔窑仓为独立的砖窑结构，进深8—12米不等，宽约3.9米，每窑可储粮90吨，共可储粮5220吨。窑仓外有砖瓦结构的廊坊环绕。仓院南边有四合院和东西厢房各一座。中华人民共和国成立后一直由大荔县朝邑粮站使用。2006年，它被国务院批准为国家重点文物保护单位。无论从建仓规模，还是从储粮历史，或者是从古仓今用方面讲，都无愧于“天下第一仓”的称号。

图3-3　丰图义仓

1900—1901年、1920年两次陕西灾荒中，英国浸礼会传教士虽也收留少数孤儿在教堂抚养，但并未建立专门的孤儿院。英国浸礼会自1891年进入陕西后，出于宗教普世主义与传播福音的双重目的，在陕大力兴办慈善事业。面对近代陕西灾荒、战乱频发的局面，浸礼会人员积极投身于灾荒救济；参与战乱中的难民、伤兵救助；开办孤儿院收留灾荒儿童；开设医疗机构施医舍药；一定程度上缓解了当地民众的痛苦。浸礼会在陕西的慈善事业，尽管存在吸引民众入教的目的与救助地域的局限，但对处于水深火热中的陕西省民众无疑是雪中送炭，尤其为浸礼会在陕西传教开了方便之门，并带来了先进的慈善理念，推动了陕西慈善事业的近代转型[①]。

二、慈善活动及形式（官办、民办）

1. 减免赋税

1914年灾歉减免办法规定，被灾十分者蠲免正赋十分之七，依次递推，分别蠲免正赋十分之六、十分之四、十分之二（见程滨著《田赋史下》）。1935年，颁发《陕西省勘报灾歉蠲免田赋办法》，1943年和1945年，国民政府先后将灾歉减免标准作了修订，最后修订为：收获二成者，减免全赋；收获二成以上未达到三成者，减免田赋十分之八；收获三成以上未达四成者，减免十分之七，依次递推（见1936年10月粮食部《田赋法令汇编》）。依据此规定，1915年3月，经国民政府批准，蠲免、缓征1914年华县等10县因灾应征地丁等项钱粮。1932年，陕西连年灾荒，全省欠赋税款489万余元，曾令蠲免，后因故未执行，到1939年将前旧欠全部豁免。1942年，因灾经国民政府批准，减免泾阳、韩城、兴平、大荔、富平、朝邑等县田赋。后来因政府腐败，遇灾不仅不减免赋税，反而加征田赋粮款。1946年，陕西有40个县遭受水旱灾害，灾民哭声震野，成群结队赴县报灾乞食，政府当局答应田赋免征半数，但实际征借粮达240万石，还加征1942年至1945年的尾欠田赋粮款[②]。

2. 施粥

1920年，陕西大旱，次年陕西省赈务处发给第一粥厂赈银5131元，第二粥厂3948元，第三粥厂4669元，第四粥厂4049元，第五粥厂1576元，第六粥厂1904元，第七粥厂2 587元，第八粥厂2777元。1929年，因遭大旱，陕西省赈务会及各慈善团体办理粥厂收容所，先后收容灾民6.65万人。长安县在郭杜镇、大雁塔等8处设粥厂，食粥灾民达2.25万人，设收容所2所，收容灾民1200余人，澄城、渭南、蓝田等地也设有

① 张德明：《英国浸礼会在近代陕西慈善事业考略》，《东方论坛》2011年第3期。
② 陕西省地方志编纂委员会编：《陕西省志》第53卷《民政志》，西安：陕西人民出版社，2003年，第433页。

粥厂。上海华洋义赈会在三原县设粥厂 3 处，并以工代赈，修筑清峪河临履桥的坡道。蓝田县设立粥厂施粥济民，以工代赈负责修蓝商公路。1929 年，灾情奇重，但政府对食粥者还规定："必须茕独无依，鸠形鹄面者，发给吃粥票据。"因此，1933 年 4 月 19 日，《大公报》载文说："难怪食粥者少，哭泣者多，以至饿死于施粥厂之旁。"①

3. 社会助赈

1920 年，由于陕西大旱，日本学生、日华实业协会助洋 1 万元，甘肃等 12 省助赈银 24 692 元，吉林义赈会、五省救灾协会、中国义赈会、女界义赈会等慈善团体助赈银 16.3 万元，陕西军政学商各界捐助赈银 14.2 万元。1928 年，上海各大善士以郃阳窦村等 6 村灾情极其惨重，捐助 6000 元，由华北慈善联合分会委员长朱子桥，电请该会驻陕人员散发。孝惠学社常务委员饶聘卿先生前赴乾县散发急赈 3 万余元。上海中国济生会长安分会，向重灾区散放赈票 1800 元，由该会指定地点凭票领款。北平总会向陕西捐赈冬棉衣、棉裤 2000 件，电饬平汉、陇海铁路免费运送。中国华洋义赈救济总会、红十字总会、五台山普济佛教会及旅平汉中 12 县救灾会 4 个团体，共募捐救济款银元 13 000 元，赈济城固县灾民。

4. 平粜

1931 年，陕西灾情已经延续 3 年，仍然不止，省城粮价日涨，居民生活殊难维持。西安按照陕西省赈务会临时平粜办法，从 5 月 15 日起开粜。规定：每人籴粮 6 升至 1 斗者，尽量出粜，不加限制。每日平粜时间，自上午 9 时起至下午 3 时止。各粮行应先一日将各种粮价据实报明。平粜开始前，每日平粜之斗价，应悬牌公布（见新陕西月刊《陕西之灾情与赈务》）。连同各地平粜共计有 45 390 户。1938 年，因灾省赈务会将上年办理平粜面粉所获赢余 4 万元，作急赈救济重灾区灾民。1944 年，因灾经省政府报批，在高陵、周至、长安、蓝田、三原等县，

① 陕西省地方志编纂委员会编：《陕西省志》第 53 卷《民政志》，西安：陕西人民出版社，2003 年，第 433 页。

从 1942 年所征的粮食中动用小麦 92 642 石，按当时规定的限价，以 9 折售给灾民。1945 年，陕西旱灾普遍，省政府电请国民政府借拨平粜基金 10 亿元。9 月 25 日，财政部函批由四联总处转知西安中央银行照贴现方式，省政府出票，办理重贴现面额 5 亿元，以作平粜基金，解决灾民缺粮问题。①

三、慈善影响

1. 慈善思想方面

自 1840 年的鸦片战争以后，中华大地全面开始了西学东渐、西俗东移的社会变迁，中西两种不同文明的激烈碰撞与融会，使得中国近代社会发生了极其深刻的变化。各地涌现出来的教会开办慈善事业，通过西学报刊的传播及国人海外见闻，西方社会的各种理论学说、思想观念纷至沓来、四处传播，续存千年之久古代传统慈善思想受到新的冲击，一批先进的中国人在思想解放的社会震荡中，提出并形成了顺应时代潮流，又具有崭新内涵的近代慈善思想②。

2. 慈善机构方面

清末社会已经是动荡不宁，乱象毕露。民生日蹙，失业日多，最终导致出现很多社会问题，诸如犯罪等。为了稳定社会，给这些无所依归的人群提供一条自食其力的生路，从1901年起，各地开始创办工艺局、习艺所等。这其实也是将过去那种消极的纯慈善救济型的留养局、栖留所之类的救济，变成以工代赈的积极的慈善救济，让人们在得到救济的同时学到一技之长，着实是长远之想。以工代赈也是后来民国时期许多慈善机构、慈善团体的主要救济方式之一。19世纪七八十年代，在内外合力的作用下，更多社会公共组织在中国涌现，这些工商业组织和慈善

① 陕西省地方志编纂委员会编：《陕西省志》第 53 卷《民政志》，西安：陕西人民出版社，2003 年，第 434 页。

② 莫文秀，邹平，宋立英：《中华慈善事业：思想、实践与演进》，北京：人民出版社，2010 年，第 63 页。

组织的混合体被称为义赈机构，它们借助于民官之间的角色定位，为社会的公益、公共事业而各尽心力、身体力行[①]。

3. 慈善福利活动方面

清末社会慈善福利事业的一系列新变化主要表现在官办慈善福利事业的重建、民办慈善福利事业的兴起及外国教会举办福利慈善事业等几个方面。至此，社会慈善福利事业基本上已经不再是政府的一统天下，民办的社会慈善福利事业和西方传教士举办的福利活动异军突起，与政府办慈善福利事业呈鼎足之势。清政府设立了养济院、育婴堂、普济堂等社会福利机构，民间也设立了类似的机构及宗族义田、义庄等赡族机构，而外国教会所办的慈善机构采取“养”“教”“工”并举的方法，使国内民办福利机构受到了启发，进而仿效，并影响到官办福利机构。[②]

第二节　民国前期陕西的慈善事业（1911—1937年）

一、慈善组织

1. 一般慈善组织和团体

1920年，关中大旱，渭北各县甚重。陕西靖国军总司令部筹赈救荒，在三原成立了义赈会，共募赈款近70万元，在渭北20余县放赈11次。1920年，陕西、河南等北方五省再次发生旱灾，陕西最为严重。报刊云：“陕西重遭饥馑，疮痍满目，哀鸿遍野，灾区之广，灾情之重为各省所未闻，抑旷古所无有。”面对如此惨象，陕西旅沪人士率先邀请众绅商

① 靳环宇：《也谈近代中国的公共领域：以上海为例——与许纪霖先生的商榷》，《学海》2005年第3期。

② 王振耀：《社会福利和慈善事业》，北京：中国社会出版社，2009年，第5页。

发起常理陕西义赈会，“速筹救济”。①1922年，西安济生会成立，路禾父负责。1923年，普济化俗文教总会成立，并设立慈幼小学。1923年，红十字会西方主会成立。

1929年，民国十八年年馑，全省各地都建有灾民自救组织。1929年，黄子文、唐玉怀组织三原武字区群众选举成立了11人的筹赈委员会，从富户中筹集小麦80多石，分给灾民、贫民。1930年，陕西省救济院成立。1932年3月17日，中共陕西省委通过《关于春荒斗争的决议》，要求西路以武功、岐山、鄠县（今西安市鄠邑区）为中心，东路以临潼、渭南、蓝田为中心，渭北以三原、富平、耀县（今铜川市耀州区）、蒲城为中心，领导群众“吃大户”交农，建立和扩大游击队，积极武装青年灾民，建立灾民自救会、灾民同乡会、灾民妇女会等。②1933年，陕西省赈务会在西安东关索罗巷设立栖留所，收养各地因水灾流离饥民中的妇孤残老。③1933年，因财政支拙，撤销省救济院，分设妇女、孤儿、育婴、养老、游民五所，隶属陕西省民政厅。1934年，红十字会西方主会创办残废教养院，时有残疾人员20余名。1935年，成立红心会，负责人李极初，施舍衣被、棺席等。

1935年12月24日，西安各中等学校全体学生发通电声援北平“一二·九”学生爱国运动。到1936年1月，西安各校学生救国会和西安学生救国联合会相继成立。1936年，西安各中等学校学生联合会为支援绥远抗日战士，开展了援绥募捐活动，共募捐款6000余元。1936年12月26日，西安学联派出由杨洪绩、何桂生、苏增辉、胡景和4人组成的赴绥慰问团，携捐款和慰问品，到绥远前线慰劳抗日战士，受到傅作义接见④。

① 《陕西义赈会今日成立》，《申报》1920年5月31日。

② 陕西省地方志编纂委员会编：《陕西省志》第1卷《大事记》，西安：三秦出版社，2003年，第312页。

③ 西安市地方志编纂委员会编：《西安市志·社会人物志》，西安：西安出版社，2006年，第229—230页。

④ 陕西省地方志编纂委员会编：《陕西省志》第1卷《大事记》，西安：三秦出版社，2003年，第327页。

2. 以工代赈型慈善组织

1928年，第一妇女习艺所成立。1928年，西安一些妇女因生活所迫沦为妓女，当局设第一妇女习艺所，收容妇女计有300人。分编为5组，每组有教习1人，讲授纺织、印染、缝纫、编织等课目，修业期为1年。民国初年，陕西省政府将清代官督绅办的留养局改为残废所，1930年，又改为残废院，位于城西太白庙南留养局巷，收养无人抚养的男女老幼残疾者。到1944年，尚有残疾人员120名，设有教员教授《千字文》以及词曲、说书，学习平民知识及工艺。残废院隶属陕西省民政厅。1934年，陕西鄠县张纯玉等30户，捐地7余亩筹组董事会，在西安北门外设立西安盲哑教养院。1936年1月正式开课，先后迁北关、七贤庄、韦兆镇。院设盲哑两部，分设普通、职业两科，聘请教习分别授以针织、藤工、竹工、雕工、制革、装印和打字等。

华洋义赈会成立后，对灾区的救济大多采取以工代赈和散赈相结合的方法，收到良好的效果。华洋义赈会机构设置和办赈程序相当严格和规范，对灾区进行调查并对灾区划分等级，有针对性地进行放赈，在需要修建基础设施的灾区，实施工赈项目。工赈工程的选定事先也要进行周密的调查，工程选定，准备事宜完成后，才招募灾工。1928年，西北发生大面积的饥荒，陕西尤其严重，关中平原渭河流域水利设施年久失修，灌溉面积日渐缩小，华洋义赈会早有计划进行修复。1931年，华洋义赈会与陕西省政府合作采取以工代赈的方式修建渭北泾惠渠，上游部分工程花费71万元，其中美国华灾协济会拨助40万元，檀香山华侨捐助14.5万元，华北慈善联合会捐助10万元，其余则由陕西省政府自行筹集。1934年春，农民依然饥馑，华洋义赈会又将美国华灾协济会所拨8.9万元用于此项工程开掘了三道支渠。①

① 杨志娟，杜国云：《自然灾害与近代西北荒政及社会救济》，《西北第二民族学院学报》（哲学社会科学版）2008年第6期。

二、慈善活动及其形式

民国时期遇灾赈济，开始由国民政府拨发急赈款，后改由省设立救灾准备金。1916 年，陕西 34 个县发生灾荒，国民政府拨发赈款 2.5 万元。1920 年，陕西大旱，国民政府于 1920 年至 1921 年 8 月，向陕西拨发赈款 19.6 万元，连同省内外助赈共收赈款 633 532 元，向 86 县拨发赈款 46 万余元，加上其他赈务共支赈款 602 674 元。1921 年 9 月至 1922 年 12 月，国民政府拨赈款 2 万元，赈灾公债变卖债票银 117 865 元，督办赈务处发赈款 157 381 元，陕西善后筹赈处赈款 10 743 元，连同各地代募等共收赈款 545 481 元，先后拨发给 63 县赈款 448 464 元，加上其他赈务共支出赈款 460 576 元。1923 年，国民政府向陕南灾区拨发赈款 4 万元。

1924 年，大荔等 19 县旱雹成灾，内务部函告陕西将各附加捐款尽数留赈。1925 年，国民政府拨发赈款 10 万元，以赈济陕西数十县灾民。1929 年，陕西发生特大灾害，据 1930 年《省赈务汇刊》记载，赈务会收赈济款总计 112 460 元。于右任回陕带回现金 30 万元，均施于灾民。1931 年，据《陕西赈务概况》记载，国民政府赈务会暨各地捐赈等款，共计 812 920 元，是年 12 月底共支出赈款 799 039 元，施赈 76 县，急赈灾民 100 732 户①。

陕甘宁边区每遇灾害，边区政府都及时发出救灾指示，下拨赈济款，解决灾民的吃饭和穿衣等困难。1940 年 3 月，边区党委和政府发出《关于赈济工作的决定》，各县成立赈济委员会，县委书记和县长任主任委员。拨给三边分区赈款 7000 元，小米 80 石；陇东分区小米 350 石；关中分区 300 石；绥德分区赈款 5 万元；神府县小米 200 石；安塞县赈款 400 元等②。

---

① 陕西省地方志编纂委员会编：《陕西省志》第 53 卷《民政志》，西安：陕西人民出版社，2003 年，第 431—432 页。

② 陕西省地方志编纂委员会编：《陕西省志》第 53 卷《民政志》，西安：陕西人民出版社，2003 年，第 437 页。

三、慈善影响

虽然晚清及民国时期的灾荒不断，其慈善内容却不再局限于单纯的赈灾救荒、济贫扶困，而是扩展到慈善医药、慈善教育、以工代赈等多个方面，尤其是后两个方面最为突出，基本上将“消极的治标的不彻底的慈善改进，而为积极地治本的彻底的改善”，这正是慈善事业走向近代化的客观要求，同时又是其近代化特征的表现。①到了民国时期，社会慈善事业的作用就空前突出，甚至起到了决定性的作用，使处于混乱不堪的民国社会从崩溃的边缘得以恢复过来。②

民国前期，陕西地区像朱庆澜、张子宜等这些慈善家及其活动对于近代中国的社会变迁作用很大。他们在从事慈善事业的同时，依托慈善组织与团体为载体，在催生民族意识、传播民族观念、促进民族团结、增强中华民族的凝聚力等方面，发挥出独特的历史作用。

民国前期的慈善组织中很多都是民间慈善团体。比如1920年北方5省大旱，由于政府救济能力的衰减，民间慈善团体如陕西义赈会、中华慈善团、山西旱灾救济会等数十个团体站到了社会赈济的第一线。这些独立的民间慈善团体，无论其数量或慈善资源以及社会影响，都已经大大超过官办慈善机构，称为近代中国慈善事业发展的主力。③虽然从表面上看民间的一些义举只是社会救助的一种方式，但实际上，其丰富的文化内涵决定了慈善事业对改善民间社会关系、维持社会物质文明再生产具有重要意义。中国社会科学院副院长李培林认为，一个国家、社会和民族的文明程度，慈善事业的发达程度无疑是重要的指标之一，慈善事业不只是富人的事业，也不只是政府或慈善组织推动的事业，每一个人都应该献出爱心，这是一个国家、一个社

---

① 周秋光，曾桂林：《中国慈善简史》，北京：人民出版社，2006年，第311页。
② 周秋光：《近代中国慈善论稿》，北京：人民出版社，2010年，第81页。
③ 莫文秀，邹平，宋立英：《中华慈善事业：思想、实践与演进》，北京：人民出版社，2010年，第110页。

会、一个民族的文明标志。①

第三节　民国后期陕西的慈善事业（1937—1949年）

一、慈善组织

据统计1945年10月到1946年9月前期的善后救济中西北陕甘两省共收留难民50万人。②表3-1是1942年统计存在的陕西省救济机构、慈善团体一览表。

表3-1　1942年陕西省救济机构、慈善团体一览表

地区	名称	创办时间	负责人	地址
西安	西安孤儿教养院	1922年9月	张子宜	尚仁路
	华北慈善联合会陕西灾童教养院	1930年8月	路孝愉	崇忠路
	河南旅陕同乡会儿童教养院	1940年6月	张　钫	自强路
	中华民国红十字会西安分会	—	马彦翔	东大街
	世界红十字会西安主会	—	路禾父	盐店街
	中国济生会长安分会	—	路孝愉	大皮院
	华洋义赈会陕西分会	—	康寄遥	中山门
	战时儿童保育会陕西分会第二儿童教养院	1940年9月	皮以书	后宰门
	西京盲哑教养院	1936年5月	郭干城	南门外
	南京培德孤贫儿童教养院	1937年迁西安	马兆瑞	尚仁路
长安	难民招待所	—	徐樊川	南关
蓝田	县佛教会附设诊疗所	—	袁鼎三	—

① 李培林：《慈善：迈向分配领域所遇到的问题》，《北京日报》2005年2月28日，第5版。
② 《本年度善后救济工作计划》，《经济周报》1946年第6期。

续表

地区	名称	创办时间	负责人	地址
三原	战时儿童保育会山西分会第一儿童保育院	1940 年 2 月	吕清夫	东里堡
	三原善堂	—	刘玉堂	城关东渠岸
	第一战区难童教养院陕西分院	1940 年 1 月	李延荣	县北城后街
	息灾会	—	王鸿运	山西街文庙内
泾阳	救济院	1929 年 3 月	胥峻山	文庙巷
富平	红十字会筹备处	—	杨介石	远映门前街
咸阳	县红十字会分会	—	张仲彦	仪凤街
兴平	县义生善堂	1901 年 11 月	张雨生	操场巷
	县儿童教养所	1939 年	张雨生	操场巷义生善堂内
耀县	儿童教养院	原县救济院该办	张植三	县内仁义巷
黄龙山垦区	黄龙山子桥保育院	1939 年 10 月	张小痿	垦区青店村
朝邑	儿童教养院	1929 年 2 月	李侃如	中和镇龙王沟
华县	儿童教养院	—	罗克敬	—
	平民贷款所	—	王荣卿	赈济会内
郃阳	育婴堂	1934 年 9 月	雷在夏	南知堡村
	坊镇育婴堂	1932 年	郭安彦	南渤海村
武功	县救济院	1928 年 7 月	华郁若	东门外东岳庙
凤翔	世界红十字会凤翔分会	—	贾宗谊	东大街
	中华慈幼协会凤翔难童教养所	1939 年 1 月	黄振英	王堡村
	凤翔天主总堂战区灾童教养院	1940 年 1 月	张希贤	南大街
凤县	复东慈幼院	—	薛鸣九	双石铺
宝鸡	世界红十字会宝鸡分会	—	王和亭	西街三官殿
	县救济院	1942 年 2 月	李樾村	仁和巷
陇县	儿童教养院	1943 年 3 月	李虎丞	莲湖公园
	世界红十字会陇县分会	1942 年 7 月	王子咸	察院巷
扶风	华北慈善联合会扶风灾童教养院	1930 年 9 月	杜延年	东街
	赈济委员会平陆儿童教养院	1939 年 5 月	朱铭轼	绛帐

续表

地区	名称	创办时间	负责人	地址
岐山	战时儿童保育会陕西分会第一保育院	—	王秀青	蔡家坡
	世界红十字会岐山分会	—	闫小溪	东大街
郿县	中华慈幼协会郿县难童教养院	1939 年 10 月	魏国栋	清秋村太白庙
	中华慈幼协会郿县渭北难童教养所	—	李西岑	仙兴寺
麟游	麟游河南儿童教养院	—	张　钫	麟游
西乡	县宏善堂	—	刘舜丞	东关中街
	儿童保育所	—	谢雷民	卫生院内
	孤儿教养院	1937 年	县政府	城内火神庙
	县慈善会	1932 年	任玉成	县城广庆寺街
镇巴	慈善会	—	周东屏	中山街
佛坪	儿童保育所	—	廖树楷	袁家庄
岚皋	县养济院	—	刘孝诚	西门外
安康	儿童教养所	—	文延美	县新城东井沟文庙
平利	儿童教养所	—	县长兼	县城旧财政厂
南郑	救济院	—	袁鼎三	—
镇安	安善堂	—	冯守愚	城内
	儿童教养院	—	杨少卿	后街观音堂
沔县	世界红十字会沔县分会	1941 年 6 月	曾子才	西门外
柞水	救济院	—		—
山阳	残废所	—	永安寺	—
	儿童教养所	—	温哲齐	西寺庙
榆林	世界红十字会榆林分会	1931 年 11 月	张化宣	东山
	榆林县西方境保育所	1924 年 1 月	张正心	西方境庙内
	龙王庙保育所	1937 年 1 月	闫骏程	中山北街龙王庙
	救济院	1928 年 9 月	张秀三	东山大庵

资料来源：陕西省地方志编纂委员会编：《陕西省志》第53卷《民政志》，西安：陕西人民出版社，2003 年，第 501—503 页。

二、慈善活动及其形式

1937 年抗战全面爆发后，设立难民救济分会。1937 年 9—10 月，中华慈幼会在西安等处组织战地儿童救济委员会，以推动各战区救护难童的工作。

1937 年，陕西省成立救灾准备金，按照国民政府关于救灾准备金规定，省政府每年从经常预算收入总额内支出 2%为全省救灾准备金。省救灾准备金以人口为例，每百万人口积存达 20 万元后，停止前项预算支出。被灾人口达全省 1/3 以上，被灾区域占全省半数以上，省救灾准备金金额不敷补助时，在中央救灾准备金内拨款补助。是年陕西发生旱灾，尤以陕北为甚。按照规定，陕西行营主任呈请国民政府行政院拨款 30 万元，拟用 20 万元急赈陕北，以 7 万元急赈关中、陕南，以 3 万元赈济西潼沿路各县。5 月 26 日，行政院仅拨给陕西赈款10万元。据《十年来之陕西经济》记载，陕西自 1937 年至 1941 年共发放救灾准备金 1 170 666 元，其中 1937 年发放 10 万元，1939 年发放 15 万元，1940 年发放 17 万元，1941 年发放 750 666 元。1942 年，因陕西遭灾，国民政府向陕西拨赈济款 76 万元，其中陕南灾区 26 万元（包括急赈、工赈等款），榆林等 8 县 50 万元（其中粥赈 6 万元，籽种费 14 万元，生产事业费 30 万元）。关中的兴平、鄠县灾区由陕西省拨发赈济款 3 万元。

1938 年 8 月 8 日，为迎接河南、安徽两省黄灾难民来陕，陕西省政府发布《陕西省设置难民寄宿馆沿途设站运输办法》。规定凡由战区来陕西的难民，均依本办法分送生产区安置或移置安全地带；沿途各路及各县均设立寄宿总站、大站、小站；沿途给养规定每人每日米或面粉一斤四两，小孩减半。①

1938 年 8 月 16 日，为救济陕甘宁三省边界难民，国民政府拨款 15 万元赈济，并指派曹仲植、林伯渠负责发放赈济工作。1938 年，陕甘宁边区建立了战时儿童保育会分会，由邓颖超负责。1939 年 2 月，陕西省

① 陕西省地方志编纂委员会编：《陕西省志》第 1 卷《大事记》，西安：三秦出版社，2003 年，第 337 页。

赈济会成立（由省赈务会和难民救济分会合并）。1939 年 7 月，洵阳县县发生伤寒、霍乱、虎烈拉等疾病，死者数千人。洵阳县长电告国民政府，请求派医防治。7 月 27 日，国民党总裁蒋介石电示陕西省，速筹救济，即派医携带药苗前赴该县救治。

1939 年 9 月 12 日，陕甘宁边区总工会发起开展 5 分钱捐献运动，援助香港《南华日报》《天演日报》《自由日报》三报罢工工人。1940 年 11 月，国民政府行政院正式管辖社会部，社会部下专门设立了社会福利司，这是我国政治制度史上第一次使用“社会福利”的概念作为政府机构的名称，在省级则设社会局负责社会福利工作。1940 年 3 月 10 日，延安回民救国会发表《告边区回民同胞书》。1940 年 3 月 31 日，陕甘宁边区政府发布《关于优待外来难民和贫民之决定》，这一文件指出，为加强边区建设，陕甘宁边区政府欢迎从沦陷区或者非沦陷区来边区的难民，享有同边区居民同等的政治权利，政府可以分给土地、房屋和农具，种地居民免纳二至五年土地税，政府还可以酌量减免他们的义务劳动负担。由于陕甘宁边区执行优待政策，抗战以来沦陷区已有 10 万难民或贫民到边区居住、生产。①

1942 年，陕西省社会处成立。1944 年，西安市政府成立，设民政科。1945 年 9 月 1 日，陕西省救济院恢复，隶属陕西省政府，受社会处监督指导。1946 年，设社会科②，先后管理社会救济工作，收容、寄养多委托慈善团体办理。1946 年，西安市基督教女青年会托儿所建立，收养女婴，赈济粮食。1944 年，陕西发生灾荒，国民政府拨款 2000 万元，从陇东宁县购买小麦 3 万石，从灵台购买小麦 2 万石，赈济灾民。1946 年，榆林地区遭灾，经陕西省政府报批，向四联总处贷款 1 亿元，由受灾缺粮县分别向陕坝（今杭锦后旗）、包头、宁县等地购粮救荒。1947 年，关中醴泉等 13 县春荒严重，国民政府拨款 4 亿元，由受灾县购粮调剂给灾民。

1948 年 2 月 2 日，陕甘宁边区政府负责筹建陕甘宁边区难童教养

① 陕西省地方志编纂委员会编：《陕西省志》第 1 卷《大事记》，西安：三秦出版社，2003 年，第 345 页。

② 王振耀：《社会福利和慈善事业》，北京：中国社会出版社，2009 年，第 5 页。

院。1949年5月西安解放，成立西安市救济福利委员会、西安市失业工人救济委员会、移民办事处。

三、慈善影响

由于民国后期的特殊年代、特殊环境，战争不断，社会动荡不安，其慈善内容也不再局限于单纯的赈灾救荒、济贫扶困，而是扩展到慈善医药、慈善教育、以工代赈等多个方面，尤其是后两个方面最为突出，基本上将“消极的治标的不彻底的慈善改进，而为积极地治本的彻底的改善”[①]，政府和民间慈善机构的设立和拓展、慈善公益活动的制度化和法制化探索、各种重大赈灾活动的举办，使得中国近代慈善事业得到进一步发展，这也正是慈善事业走向近代化的客观要求，同时又是其近代化特征的表现。

卢沟桥事变爆发后，国内出现大量难民，政府和各社会福利机构做了大量工作救济难民，而难民中的难童，则是抗战时期救济的重点，这不仅是因为难童自理能力差，更因为儿童是民族将来的希望。就是在这样特殊的年月里，我们也看到了热情的陕西人不仅自救，还时时刻刻给予他乡的难民以帮助。后来的一些河南、甘肃逃难过来的难民最终也都在陕西定居。

在组织形式上，近代慈善机构已发展演变为以民间慈善团体为主体，辅之以其他社会组织的慈善团体。明清以来的养济院、普济堂等传统善堂，多为官办或官督绅办，烙有官方的痕迹。尽管民间社会也创设有善堂、善会，然而规模小、数量少，尚未完全构成社会慈善事业的主体。但近代特别是到民国年间，随着政府救济能力的衰减，民间慈善组织迅速发展，成为中国慈善事业发展的基本力量。

① 徐直：《对慈善家进一言》，《申报》1923年1月26日。

第四章 近代陕西的慈善家

慈善家是指热心社会公益，经常参与慈善活动，并有突出贡献的人，他们愿意把自己所有的个人资源与社会上有需要的人分享。近代以来陕西地区天灾人祸，经年累月，但是大灾必有大爱，在这一时期陕西地区涌现了一大批慈善家，他们筹款集资、救贫恤孤，表现了可贵的慈爱精神。这里既有张子宜、朱子桥、康寄遥等著名的慈善家，也有一些不太知名的普通人，他们同样也给近代陕西的慈善事业贡献了自己的力量。如 1906 年创办西安女子小学堂，提倡女子放足的邹子良（1879—1914 年）；西北各界救国联合会的杨明轩（1891—1967 年）；组织妇女儿童识字班的李润琛（1898—1985 年）；成立陕西回教救灾会，并设粥厂按日施放的冯瑞生（1881—1934 年）等。

第一节 陕西慈善事业第一人——张子宜

张子宜（1880—1964 年，图 4-1），名典尧，字子宜，陕西兴平人，民国著名慈善家。张子宜一生传奇，前半生戎马关中，投身革命，保国护民；后半生专注慈善，救孤济国。张子宜一生始终抱着济世、博爱的信念，终生为国为民，他是陕西慈善事业发展的奠基人和见证人，更是被于右任先生称赞为“陕西慈善事业第一人”[①]。

图 4-1　张子宜

一、幼时贫寒，深种慈悲情怀

清光绪六年（1880年），张子宜生于陕西省兴平县南位镇南韩村一户农民家庭。张子宜幼时聪颖，常得私塾老师的夸奖。15岁时父亲去世，遂辍学在家。后经亲友介绍到县城店铺当学徒，白天工作，夜间学习识字，仅3年便能写简短文件。张子宜年少时期因家境贫困，常到山区购买玉米，在背负回家的途中，时常遇到颠沛流离的饥民，同情之心油然而生，便会将所带干粮分与饥民，并在内心暗自发誓：“将来若有机会，一定要为穷苦儿童做一点事。[②]”1898年，张子宜18岁，他辞去店铺学徒的工作，自己创办粮铺，经营商业。由于经营有方，生意兴隆，信誉昭著，将粮铺改为兴盛荣钱庄，此时的张子宜23岁。张子宜先生经商、生财有道，不取不义之财。由于办事认真，讲信用，很快便被推举为全县钱行行长和商会理事。1904年前后基督教传入兴平县，瑞典人孙芝城牧师在兴平设立“福音堂”，张子宜经人介绍与之相识。孙芝城学识渊博，在中国宣传平等、自由、博爱的思想，张子宜受其熏陶，在他的影响下，接受了基督教信仰，成为一名基督徒。

① 叶广岑主编：《尚德重礼的陕西人》，西安：陕西人民教育出版社，2012年，第102页。
② 史飞翔：《善人张子宜》，《西安晚报》2011年5月29日，第10版。

二、投身革命，立志实业救国

张子宜在兴平经商期间，与时任兴平县高等小学校长的张渊过往甚密（张渊同盟会会员，兴平地区负责人）。光绪三十年（1904 年），张子宜任兴平县钱庄经理时在张渊的介绍下，加入同盟会，并且担任兴平周边各县联络负责人，兴建豳桑园，以推广新蚕种为名掩护同盟会的活动，在此期间他多次不顾家人反对参加反清斗争，冒死护送革命党人。宣统三年（1911 年）10 月 10 日，武昌起义爆发，10 月 22 日（农历九月初一）陕西首先响应，而各县中最先响应的是兴平县，兴平县革命军也成为陕西各县革命军的主力之一，其民团团长正是张子宜。

辛亥革命后，陕西军政府成立，革命党人和进步人士仍然遭到排挤，张子宜本着“实业救国”的精神，于 1912 年 5 月在西安创办“精业股份有限公司”，并在大家的推举下出任公司的经理。1914—1915 年，袁世凯篡权窃国，辛亥革命果实被其窃取，革命党人遭到屠杀，张子宜先生立即投身于“反袁护国”的运动中去。张子宜联合革命党人张深如、王绍文、李岐山、景梅九等人起义，反袁逐陆，张子宜任行动组长。不料事机不密，张子宜于 1916 年 2 月 22 日被逮捕，关押于西安陆军监狱，后经焦子静等人多方营救，于 1916 年 5 月下旬才被释放。张子宜入狱期间，遭到敌人严刑拷打，长子克显前来探望，痛哭流涕，他呵斥道：“哭什么！应该为有这样的老子大笑三声！”[①]在狱中他与革命志士视死如归、大义凛然、临危不惧，展现了革命党人救国救民、不怕牺牲的风采。

三、大爱无疆，创办孤儿教养院

张子宜出狱后，“回忆生平许多朋友，为反对袁氏帝制，惨遭陆建

① 李仲文：《辛亥老人张子宜》，中国人民政治协商会议陕西省委员会编：《辛亥百年散文专刊》，内部资料，2011 年。

章屠杀，所遗孤儿寡母，生活困难，无人问津，悲惨之至。”[①]加上陕西许多地方水旱连年，百姓苦不堪言，他目睹了百姓的惨状，对灾民的痛苦感同身受，特别是流浪儿童，更使他忧心忡忡，于是张子宜与一些朋友们探讨救助的办法，萌生了创办孤儿院的念头。

1920年，张子宜游历北京、天津，参观了北京市龙泉寺的孤儿院，深受触动，自此，张子宜自愿要在西安创办一所孤儿院，收容无依无靠的儿童。1921年，冯玉祥任陕西督军，聘请张子宜为陕西平民工厂经理，1922年，冯玉祥离开陕西后，工厂停办，经过冯玉祥同意，张子宜将工厂所余物资，造具清册，作为创建孤儿院的费用。[②]1922年10月28日西安孤儿教养院创建，张子宜任院长，院址设在今西安市解放路中段东侧。建立之初，孤儿院陆续收容孤儿20余名。

孤儿院刚刚创立，恰逢军阀混战，水灾旱灾连年不断，不断有来自西安及周边地区的流浪儿童被送进孤儿院，张子宜给院里定下了“克服困难，尽可能多收孤儿”的宗旨。为了让社会各界和捐赠人了解孤儿院的收支情况，院方曾将经济收支情况在《陕西慈善月报》上公布，大到百元千元，小至毫厘分文。对于孤儿院的经费、房屋、营业等概况也都有记载，在留存的1934年《西安孤儿教养院第十二周年纪念报告书》中明确写道：“本院系社会事业，由各界慈善家组织而成，素乏基金，常年一切所需，除由政府每月补助千元外，全靠募捐……每月需洋二千余元，在此荒灾之余，自十七年起至今年九月底结算，共收捐洋一万一千四百零二元五角……。”[③]由此可见，孤儿院在建院之初运行的步履维艰，所幸的是得到了政府和各界慈善人士的大力支持，才使得孤儿院在那样的环境下依然为这些无家可归、四处流浪的孩子提供一个可以安身的家。

张子宜创办孤儿院的初衷并不是仅仅单为孩子们提供一个避风遮

① 赵珍：《西安孤儿院，曾为上万困境中的儿童打开希望之门》，《西安晚报》2011年12月11日，第11版。

② 赵珍：《西安孤儿院，曾为上万困境中的儿童打开希望之门》，《西安晚报》2011年12月11日，第11版。

③ 西安孤儿教养院：《西安孤儿教养院第十二周年纪念报告书》，1934年。

雨的场所，而是希望他们能学习到谋生的技术以及文化知识，将来成为对社会有用的人。孤儿们不仅要学习文化课程，还要学习手工工艺。手工工艺的内容都是简单的可以谋生的劳动技能，在留存的1934年《西安孤儿教养院第十二周年纪念报告书》的目录中有教育的目次，在教育中分有训育、智育、体育、课外操作等，在工艺一栏中，下设了裁缝组、皮鞋组、布鞋组、纺线组、纺织组等九组，这些教育科目的设置，不仅帮助这些孤儿们读书识字，塑造品性，还教给了孩子们在乱世中谋生的技能[①]。据1948年不完全统计，经西安孤儿教养院救助和教养过的儿童有14 000余名，是民国时期全国救助和教养人数最多的私立孤儿院。孤儿来自陕西、河南、河北、山西、山东、辽宁、湖南、甘肃、安徽、湖北、江苏、四川等省份，孤儿院学生最多时达到1000人以上。1950年8月，西安市人民政府接办了西安私立子宜育幼院，并成立了新一届董事会，院长仍由张子宜担任，并改名为西安市子宜育幼院。从1922年创办到1950年改组，历时29年，孤儿院学校累计毕业生逾4401人，除285人在高中、大学继续深造外，就业者共3633名[②]。

四、历经坎坷，谱写一生传奇

张子宜的后半生都是在为慈善事业奔走。1926年刘镇华围攻西安，西安市与外界隔绝长达8个月，张子宜四处奔走呼吁，寻求帮助，最终，杨虎城和国民党军粮站总监吉希文，捐赠了部分粮食和食品，在西安城内饿死市民数以万计的情况下，孤儿院却没有一名师生死亡。1928年，关中地区遭受百年不遇的大旱，旱情持续到1930年，孤儿院再次面临口粮紧缺的情况，最后在杨虎城将军的帮助下，陕西财政厅每月都会给孤儿院补助经费，并且得到了很多各界慈善人士的帮助，1936年，一位素不相识的老人捐出一张1万元银票，坚持不留名，这位无名氏老人的

① 赵珍：《西安孤儿院，曾为上万困境中的儿童打开希望之门》，《西安晚报》2011年12月11日，第11版。

② 胡运森：《陕西慈善第一人——张子宜》，http://www.sxdaily.com.cn/n/2016/0822/c1178-5974849.html（2016-08-22）。

捐赠是孤儿院1922年成立后最大的一笔个人捐款。之后又历经日本飞机轰炸西安而将孤儿院搬迁至太乙宫，最终迎来了中华人民共和国的成立。

1950年8月，西安市人民政府接管了西安私立子宜育幼院。1952年3月，中国人民救济总会西安市分会将西安市子宜育幼院与西安市人民育幼院合并，正式更名为西安市人民育幼院，张子宜仍任院长。1956年6月，陕西省民政厅根据有关文件，将西安市人民育幼院改名为西安市儿童教养院。1962年，再次改名西安市儿童福利院。1973年更名为西安市第二社会福利院（即今西安市长安区太乙宫街道西安市第二社会福利院）。

1964年12月13日张子宜去世，享年84岁。张子宜生前曾任政协西安市新城区第一、二、三届委员会副主席，他一生只谋善事，不求做大官，为陕西近代社会进步做出了很大贡献。于右任先生曾说，陕西有三位受社会称赞的人，一是水利专家李仪祉。二是报人张季鸾。三是慈善事业者张子宜。2012年张子宜入选《陕西精神：尚德重礼的陕西人》。

第二节　陕西的子子孙孙永远不会忘记您——朱庆澜

朱庆澜（1874—1941年，图4-2），字子桥，浙江绍兴人，著名的爱国将领和社会慈善家。辛亥革命后任四川副都督，后任黑龙江督军兼巡按使。1917年任广东省省长，拥护孙中山发起的护法运动，1923年任中东铁路护路军总司令。1925年后他放弃高官，脱离军政，全身投入社会慈善和救济事业，先后任华北慈善团体联合会会长、天津赈济西北委员会副委员长、华洋义赈会及全国赈灾委员会委员等职。1928年起，陕西连续3年大旱，朱庆澜来陕调查，即以华北慈善团体联合会的名义，联合东北慈善团体及华洋义赈会、佛教会等组织，提出“三元钱救一命”的口号，很快筹集到百万元以上捐款，购粮16万担，救济灾民约百万人。到了严冬，朱庆澜又募捐蓝土布 1 万匹运至西安；他还关注灾区儿童的生活和教育，请冯玉祥在中山门外让出兵营 300 余间，成立华北慈善联合会陕西省灾童教养院。1936 年，朱庆澜就任国民政府行政院赈务委员会委员长，长期驻西安办理赈务，足迹遍及三秦大地。在他的慈善事业生涯中，20 世纪 20 年代末至 30 年代初的陕西的灾荒救济是其浓墨重彩的一笔，永远铭刻在陕西人民的心中。

图 4-2　朱庆澜

一、辛亥元老，身在仕途，心系黎民百姓

朱庆澜（1874—1941 年），字子桥，祖籍浙江绍兴人，1874 年出生于山东省历城县。他 5 岁丧父，在母亲的教育下，他勤于苦读。14 岁时，母亲去世。1890 年，为谋生计，他参加黄河筑堤工程。19 岁时，他被任命为济南河工委员，因其刚毅敏锐的气概，颇受按察使兼河工督办松林的赞赏。由于朱庆澜身高体壮，邻居劝他投军，于是 1893 年，他来到东北投靠总督赵尔巽所部新军。1895 年，松林调任奉天（今沈阳市）府尹，不久朱庆澜奉调，始任典吏，升至同知，改任道员。虽属文官，均兼军职，以抚民宽、治军严而闻名，颇得长官的器重。1897—1898 年，朱庆澜主办团练，在黑山大凌河一带肃清匪患，安定地方，保卫海疆。1900 年，朱庆澜任五营统领，驻防辽宁天庄台一带，并肃清了当地猖獗的匪患。由于作战勇敢，屡屡擢升，因对地方土匪的镇压毫不手软，痛

加追剿，故有人以“屠夫”相称[①]。1908年，他调职四川，任第十七镇统制。1911年，辛亥革命时，他响应孙中山的号召，率领十七镇官兵起义，通电宣布四川独立。民国初年，朱庆澜任黑龙江军政首脑。1913年11月，其受命为护军使兼民政长；1914年5月，改民政长为巡按使；6月，裁撤护军使，其改任镇安右将军，督理黑龙江军务兼巡按使；1916年5月，辞去官职。袁世凯帝制时，他响应孙中山发动的二次革命，通电各方，公开反对帝制并参加护法运动。更难能可贵的是，1917年朱庆澜任广东省省长时，毅然派人恭迎孙中山先生回到广东，支持孙中山先生召开非常国会，开展护法斗争。特别值得一提的是朱庆澜将广东省掌握的20个步兵营全部交给南下护法的孙中山先生，成为后来国民革命军的最初家底。许崇智、李济深、陈铭枢、张发奎、蒋光鼐、蔡廷锴、叶挺、薛岳、顾祝同、陈诚等国民党著名将领，均出自粤军。这支部队是孙中山后来发动北伐，领导国民革命事业和创建黄埔军校的基本骨干。1922年11月，受命广东省特别区行政长官，1923年3月就任。1925年2月，他又辞去官职，致力于慈善救济事业[②]。

二、积极奔走，陕西赈灾，结缘三秦大地

1927年开始，陕西就已旱象严重，1928年，夏秋两料歉收，到1929年，简直到了颗粒无收的地步。这次旱荒导致全省92个县份受灾。“民国十七年全省91县（包括西安、长安）户数210余万户，1180余万人，民国十八年灾荒波及80余县，同年11月全省死亡达250万人，外逃40余万，灾民535万余人。[③]”赤地千里，满目凄凉。

陕西的灾情传到了天津后，天津市的各大报纸给予了大量的报道，朱庆澜则以华北慈善团体联合会会长的名义，亲自赴陕西考察、救灾。朱庆澜为了筹集赈款，奔赴各地对陕西灾荒进行积极的宣传和劝募。向社会各界的慈善团体报告陕西灾荒情况，并协同各界知名人士号召大家

---

① 小隐：《辛亥元老，慈善先驱——朱庆澜将军的一生》，《档案与史学》2000年第3期。

② 徐亚娟，伊琳：《义薄云天的朱庆澜》，《世纪桥》2010年第20期。

③ 郭琦：《陕西通史·民国卷》，西安：陕西师范大学出版社，1997年，第165页。

急赈以救济灾民。同时上海一家电影制片厂，专程跑到陕西，随同朱庆澜一行拍摄灾情并制成纪录片，朱庆澜应邀题写片名，此片的片名："人道"，简练贴切又深刻。影片完成后分送各大电影院上映，这部影片记录了灾民惨状，让很多人能够对灾民的境况感同身受，所以这部纪录片在后来的募捐和放赈中，起到了很好的宣传作用。

朱庆澜一行实地考察完灾情后，深受震撼，他们制定了一个很好的救灾方案，那就是募捐—采购—运送—分配—放赈的程序，其中募捐之地选择在西安、天津、上海、东北等地。他们首先来到天津着手募捐。1930年6月4日上午，他在天津法租界光明电影院号召各界捐款赈灾，1930年6月11日，朱庆澜召集北平各界知名人士，在中山公园中山纪念堂召开了第一次募捐大会。朱庆澜领导的这次大规模的募捐，得到天津各界的大力支持，天津的两家著名报纸《大公报》《益世报》都辟出专栏进行跟踪报道，开滦矿务局、久大精盐公司、启新洋灰公司、天津电车公司等企业都捐了不少钱。当时的报道说："各界代表三百余人到会，中山纪念堂内外遍悬灾民照片，堂内并陈列草根树皮等灾民食料达三十余种。并在室内西方设临时募捐处，此次募捐约计得洋三万余元。"①

为了筹集更多赈款，朱庆澜一行辗转来到东北，他在东北积极宣传组织赈灾，东北人民看到是朱庆澜在为赈灾四处奔走深为震撼，再加上对朱庆澜本人的信任，此次募捐也很顺利，并筹集到不少赈款，据当时报道："在辽宁各界，自动发起，已筹足五六万元。"②在这种形势下，东北其余两省吉林和黑龙江也积极响应，朱庆澜一方面通过展示灾区人民的照片向人们传达灾区人民的困境，震撼了人们的视觉；另一方面通过演讲的方式讲述灾区人民需要救助的迫切情形，呼吁大家积极参与救助。在他的号召下，东北的募捐非常成功。根据当时报道记载："关外捐款成绩甚佳，辽宁得十三万元，大连得三万余元，哈尔滨约得四万元，和黑吉两省赈款，共约二十万余元。"③在上海、西安等地的募捐也是一样取得了成功。

---

① 《庄严之同情》，《大公报》1930年5月12日，第4版。

② 《陕灾捐款踊跃》，《大公报》1930年6月11日，第4版。

③ 《朱庆澜在辽劝募陕赈》，《大公报》1930年6月20日，第3版。

当时的募捐行业里有一种说法，说是“一个好的募捐口号的制定，等于募捐成功了一半”。这个说法虽然有些夸张，但是却不为过。根据当时的情形，为了筹集更多赈款挽救灾民，朱庆澜考察完灾情返回天津后提出“三元钱救一命”的口号，各界人士及团体纷纷响应，大公报更是报道说：“快救命，救人一命胜造七级浮屠。”[①]这个口号让很多人为之动容，其中黎元洪的子女代表去世不久的父亲赫然捐出了一万元，溥仪更是对朱庆澜说：“陕甘灾情如此之重，古来少有，你提出的‘三元钱救一命’的口号，鲜明有务，很感动人。我现在得不到政府的补助，手里没有多少钱，救活一千条命就是了”。随即捐出了3000元。在这个口号的感召下，一些商会和同乡会纷纷慷慨解囊，并且协助募捐。此次募捐共获得捐款180万元，远远超过当时的目标，其中仅在上海就捐得43.5万元，这些都与朱庆澜先生的积极奔走呼吁分不开。

朱庆澜在赈灾之初就制定了详细的赈灾程序，在筹集赈款之后就要采购粮食，但当时的河南、山东、河北三省也连带闹起灾荒，根本没有粮食可买。朱庆澜就到东北劝募粮食，他曾在黑龙江主政两年半，在东北的声望极好，采购之行比较顺利，第一次就募到两列车粮食，最后，连买带募捐共计16万担，朱庆澜亲自押送运至西安。当时军阀割据混战，赈粮从东北运至西北，途中的困难与艰险是难以想象的。1931年4月27日，朱庆澜第二次运送赈粮350吨到陕西。

三、深入灾区，灾后救助，造福三秦人民

在陕西，朱庆澜到各县走进各农户，面对灾民，亲自救济。1930年5月14日，他押运两批赈粮返陕，抵达西安后，不顾旅途劳累，第二天即率领七八名工作人员，乘破旧卡车赴咸阳、武功调查灾情，慰问灾民，施放赈粮、赈款。当时咸阳、武功为陕西灾区重中之重，据陕西省赈务会报告，武功未埋尸体约万具，全县灾民达10万人以上；咸阳未埋尸体也较多。所到之处，满目凄凉。存活灾民多日未食，竟然口不能

① 《三元救一命》，《大公报》1930年5月10日，第4版。

语。朱庆澜看到奄奄一息的灾民，令工作人员将随身携带的水，滴入口中施救。一位老妇未得滴水，即用手指口索要。朱庆澜令司机“把水箱中的水吸出给她喝！”司机面有难色说：“水箱无水，车如何开得?”朱庆澜说：“救人要紧，即便大家辛苦走回去，亦不忍见灾民受苦！”老妇因得水而能开口说话，连称“甘露，甘露，今天遇到救命恩人了！”这一天滴水救活灾民有 700 多人。[①]

第二天，他继续率工作人员视察扶风、武功等重灾区。据记载，当时岐山、扶风、兴平三县，外逃者 3 万余人，死亡者约 5 万人，妇女被卖者 16 000 多人。许多灾民衣不遮体，甚至一些青年妇女也赤身裸体，见人避入杂物或钻进窑洞。朱庆澜看见，立即脱下夏布长衫，撕成数块，送给各个妇女遮体。随行工作人员，纷纷效仿。从灾区返回，朱庆澜立即重返天津，筹措衣物、布匹，分给众多灾民。

作为一个有着丰富经验的慈善家，在完成募捐—采购—运送—分配—放赈一系列的事情之后，朱庆澜明白工作还没有完成，有一些更重要的事情要做，那就是灾后的善后与重建。朱庆澜在黑龙江主政期间，创立了黑龙江省立女子教养院，该院最大的特色就是“教养兼施”，他将这样的方式运用到解决陕西的灾后问题上。为了救助灾民和儿童，在冯玉祥的帮助下，得到 300 间军营，设立了灾童教养院，收留男女灾童 900 余人，朱庆澜对灾童的救助借鉴了黑龙江省立女子教养院的方式，那就是教养兼施，身心并救，据记载是“内设纺织、缝纫、木工、制鞋、理发等科，拟于短期内授以普通知识及养身技艺，俾为社会造成自食其力之良好公民。[②]”对于妇女的救济方法也是一样的，引用中国的一句古语，那就是“授之以鱼不如授之以渔”，他在西安设立织染厂，在兴平设立了纺织厂，让妇女们会自食其力，养活自己。朱庆澜将这句古语在这次慈善救灾的善后工作中出色的执行者。在这次救灾赈灾中朱庆澜一行人救助灾民超过 100 万人。1929 年，于右任回陕视察，对朱庆澜动情地说：“我们陕西的子子孙孙永远不

① 师谦：《民国伟人——回忆爱国将领、一代慈善家朱庆澜先生》，《金秋》2006 年第 9 期。
② 朱庆澜：《函请崔市长报告筹办赈济西北状况》，《益世报》1931 年 1 月 10 日，第 4 版。

会忘记您的。”①

陕西赈灾只是朱庆澜与陕西慈善结缘的开始。1938 年起，朱庆澜常住陕西，创办黄龙山垦区以垦代赈，安置灾民 5 万人，垦田 23 万亩。又筹措款项，修葺大雁塔、兴教寺、青龙寺、太壶寺、法门寺、大兴善寺、少华寺、仓颉寺等多处名胜古迹，保护了陕西人民的文化遗产。1941 年 1 月 13 日，著名慈善家朱庆澜先生终因积劳成疾，咯血不止逝世于西安灾童教养院，全省降半旗致哀，遵其遗嘱，葬于终南山下长安县东之竹园村，长眠于三秦大地，终年 67 岁。冯玉祥、黄炎培等参加重庆各界为朱庆澜举行的追悼会。冯玉祥在挽词中称赞朱庆澜为民国伟人，一生清廉，只知有国，不知有身，公而忘私，大仁大义，一片慈心。这可以说是对朱庆澜伟大一生的真实写照②。

第三节　佛教慈善家——康寄遥

康寄遥（1880—1968 年，图 4-3），名炳勋，字寄遥，陕西临潼人，因常住西安市东关寂园，故亦自称“寂园居士”，是陕西近代一位虔诚的佛教徒、杰出的佛教活动家和著名的佛教学者。1921 年皈依佛教，法号法真。在社会慈善事业方面尽力而为，曾担任华洋义赈会陕西分会会长，长期主持陕西赈济工作。他所主持的佛化社既是一个佛教居士团体，也是一个佛教慈善机构，曾兴办百善成就会，还附设有医药室及育幼园等；与佛教会合办难民收容所，收容大批难民；灾荒年份，还经常派人到灾区施粥饭、种子。

① 小隐：《辛亥元老 慈善先驱——朱庆澜将军的一生》，《档案与史学》2000 年第 6 期。
② 王继鹏：《慈善家朱庆澜与近代陕西的灾荒救济》，《兰台世界》2011 年第 9 期。

图 4-3　康寄遥

一、学以致用，实业救国

康寄遥（1880—1968 年），名炳勋，字寄遥，陕西临潼护王村人，生于清光绪六年（1880 年）。幼读私塾，清光绪二十年（1894 年）入读关中书院，毕业时成绩优异，留院任教。光绪末年，先后任西安八旗中学堂教员，西安城关区查学委员。约在光绪三十四年（1908 年）入京师大学堂预科学习三年。

康寄遥在清末参与推翻清王朝的革命活动，光绪三十年春节，曾与陕西高等学堂回乡省亲的留日学生马凌甫、王授金等筹划组织秘密团体，进行革命活动，并与留日学生的革命活动保持联系。辛亥革命陕西起义后，任秦陇复汉军政府财政部副部长期间，与崔云松部长和郗朝俊副部长一起，采取开仓平粜、整理金融、设立粮台、撙节开支、劝捐助饷、发行公债、整顿厘税、提前征收粮赋、开彩筹款等多种措施，支持秦陇复汉军在东、西两路与清军历时半载的战争，维持秦陇复汉军政府在财源枯竭达于极点状况下的政府正常运转，完成了军队缩编，划分军需与行政费用，制定各种办法与制度，使财政在民国元年下半年逐渐步入正轨，度过了辛亥革命后秦省财政最感困难确时期。[①]

1912年任西北大学创设会委员、预科学长、国民党秦支部副部长。1914年因袁世凯势力控制陕西而辞去党政各职。后赴上海、天津、青岛等地考察工业，不久又赴日本入早稻田大学工业科学习。学业未完回国，在上海主编《国民杂志》月刊，为西北工业之发展大声疾呼。十月革命后，康寄遥又在上海租界内主编《正报》，抨击时政，赞扬俄国十月革命。不久，他所主办的日报与《新青年》杂志同被视为过激派刊物而遭查封。就在康寄遥迷茫无措之际，与太虚大师的会面确定了他一生的信仰。

二、宣扬佛法，传播善念

康寄遥于1921年见到同乡印光法师，多次交谈后，遂对佛教产生了浓厚的兴趣，当年正式皈依印光法师，从此虔信佛教。同年，康寄遥回到陕西。那时的陕西佛教早已失去昔日的辉煌，正如康氏在其《陕西佛教志》中所说："近代以来，陕西佛教衰败已极，宗风不振，义学久荒，戒德消沉，僧才缺乏。诸祖塔寺虽尚保存在西安附近，但是只能抱残守缺，所谓绍隆佛种，弘宣正法，殊觉暗淡无光，不过偶瞻古塔，随时凭吊而已。[②]"此时的康寄遥面对现实，心中充满了振兴陕西佛教的热切愿望。佛化社也正是在这一历史背景下创办起来的。

1927年11月，康寄遥联合路禾父等居士经多方奔走和联系，终于成立了西北地区第一个佛教居士组织——佛化随刊社。次年经政府备案批准后扩大组织，更名为佛化社。社址设在西安市东大街东段路北（今西安市碑林区立新小学）。有两进院落，房舍40余间，园地20余亩。该社宗旨是研习佛学、振兴佛法、弃伪扬真、除我法执，弘扬菩萨行，实践佛陀真理。凡赞成该社宗旨，知见纯正，信愿研究行持佛学者，不

---

① 姚远，徐怀东主编：《西北大学学人谱》，西安：西北大学出版社，2002年，第17页。

② 李利安：《太虚大师与康寄遥居士》，http://www.fojiawang.com/index.php?s=/v_90609.html（2018-03-20）。

论性别年龄，经社友一人介绍，并经常务董事会通过后，即可入社。佛化社内设事务、研究、社会服务、财务保管等组，每组下设各类专门机构，计有佛堂、讲经堂、陈列室、会议室、藏经室、编辑室、办公室、客房、香坊、刻经处、素斋室、赈灾会、医药室、阅览室等。佛化社成立不久，康寄遥便创立讲经会。该会为佛化社下属专门的讲经弘法机构，许多知名法师及戴季陶等上层人士皆在此讲过佛学。尤其是 1931 年康寄遥商同杨虎城主席邀请太虚大师至陕讲学，成为近代陕西佛教振兴历程中最辉煌的一页①。讲经会还曾一度深入学校、监狱、戒烟所等处宣传佛学。佛化社是西北地区成立最早、时间最长、规模最大的居士团体，也是近代全国最大的居士组织之一。在 30 余年的发展过程中，陕西佛化社不但成为联系各地佛教徒的纽带，而且成为西北佛教弘法利生的中心，为西北佛教的复兴提供了一个坚实的基地。与此同时，康寄遥也成为陕西佛教界的领袖人物，1924 年后，他曾两度主持陕西省佛教会，受到广大佛教徒的拥戴。

为了给陕西佛教的弘扬提供一个舆论阵地，1928年，康寄遥在同仁的配合下，创办《佛化随刊》，编辑部设于佛化社院内。主要栏目有经论新解、佛经释诠、读经体会、修习禅颂、佛教人物、名山介绍、佛教春秋、居士修持、佛教故事、佛教音乐、佛教绘画、佛教谜语等。康经常撰文，阐释佛教经典教义、开展地方佛教研究，并将佛教理论与现实社会相结合，宣传“人间佛教”思想。该刊面向全国发行，至 1948 年停刊，出版逾百期，在全国影响甚大。1948 年，他又主编《大雄》月刊，编辑处设于康寄遥居住的东关寂园内，发行处设于佛化社内。通过这个刊物，他继续弘扬佛教教义，并在该刊上发表《法门塔寺纪略》等多篇论文，为地方宗教史志研究做出了贡献。另外，康寄遥还曾主办《祈祷特刊》《太虚弘法专刊》等各种特刊、专刊 10 多种，在全国都有一定影响。

① 李利安：《太虚大师与康寄遥居士》，http://www.fojiawang.com/index.php?s=/v_90609.html（2018-03-20）。

三、兼爱互助，救贫济困

康寄遥居士在社会慈善事业方面也多有建树，曾担任华洋义赈会陕西会长、华北慈善联合会主任监事等职，长期主持陕西赈济工作。他所主持的佛化社既是一个佛教居士团体，也是一个佛教慈善机构。除了弘扬佛法外，他还广泛倡导善行，宣传佛教“六和”精神，主张兼爱互助，救贫济困。佛化社内附设有医药室及育幼园、贫儿园等，收容各地孤儿，组织他们生产（主要是织布、织毛布），学习技艺，并有专人领导每日早晚念诵佛经一次，实行素食。平时若遇灾情，佛化社即倡行募化，举办施舍救济。那时关中春荒频仍，佛化社经常派人到灾区施粥、施种。1929 年，关中大旱，佛化社首先办起《陕西灾情报》，拍摄照片，报道灾情实况，举办街头展览，呼吁全国各界救灾扶困。同时举办息灾法会，祈愿人民战胜灾荒。另外，佛化社还经常去监狱向罪犯讲经说法，劝其改恶从善；到伤兵医院向伤员念经祈祷，以致许多犯人刑满后来佛化社要求皈依，接受“五戒”，弃恶从善，获得了较好的社会效果。1934 年春，康寄遥与朱子桥等居士捐资在大慈恩寺内东院菩萨殿开办“慈恩孤儿院”，收容 11—15 岁孤儿百余名。孤儿们上午织毛巾，下午上课，至 1936 年孤儿多学有专业技艺相继离院而告结束。康寄遥的这些慈善救济活动为社会与民众做出了有益的贡献。同时也进一步扩大了佛教的影响①。

中华人民共和国成立后，康寄遥主办的佛化社继续开展活动，他从事的佛学研究继续深入进行。1950 年，他主持召开佛化社社员大会，修改章程，重组董事会，1952 年 3 月，他继续任佛化社董事长兼社长。1955 年 3 月，他被推荐为政协西安市第一届委员会委员。1956—1958 年，他写成《陕西佛寺纪略》手稿，该书从位置、沿革、宗派、国际关系和现状五个方面对关中地区 26 所重要佛寺作了详细介绍，为人们提供了关中诸寺明晰的历史发展线索，填补了明清以后陕西佛寺历史研究的空白。1963 年 6 月，经过六年半的辛勤笔耕，他又完成了《陕西省民

① 西安市政协文史委编：《西京佛教》，西安：陕西人民出版社，2000 年，第 204 页。

族宗教志》佛教部分的手稿，内容包括沿革、宗派、人物、经典、寺院五个部分，为研究陕西佛教史提供了珍贵资料。1968 年去世。

第四节 平民慈善家

除了这些比较著名的慈善家之外，当然还有一些不太知名的普通人，他们同样也给近代陕西的慈善事业贡献了自己的力量：1906 年创办西安女子小学堂，提倡女子放足的邹子良（1879—1914 年）；组织妇女儿童识字班的李润琛（1898—1985 年）；成立陕西回教救灾会，并设粥厂按日施放的冯瑞生（1881—1934 年）等。

一、邹子良

邹子良（1879—1914 年），名炎，字子良。原籍甘肃宁州（今甘肃宁县），寄居陕西三原，遂以三原为籍。少年时家贫，给某富家作书童。在送主人之子去私塾读书时，常偷听塾师讲课，竟能借书诵读。此事为当地一位有学识的老者得知，特向邹子良提问一些书中的问题予以面试，邹子良不仅对答准确，且能阐发新意。老者大为惊异，力劝其主人供他读书。邹子良在主人的帮助下，数年后考取童生，又被资助赴日本留学，在日本加入中国同盟会。回国后，与南雪亭等人创办西安女子小学堂，提倡女子放足。当时，陕西闭塞，女子上学实属罕见，动员女子放足更是困难。邹子良说服妻子、岳母与妹妹带头，此后，效仿者渐多，女子小学也办得日益兴旺。同时积极参加中国同盟会在陕西领导的反清斗争。邹子良还与高祖宪等中国同盟会会员在耀州（今铜川市耀州区）等地创办牧羊场，并出任经理；与中国同盟会会员王守身等在马栏山、黄龙山等地创办矿场，以畜牧、耕种、造林、采矿为掩护，联络各地反清力量。宣统二年（1910 年）春，中国同盟会陕西分会在泾阳柏氏花园召开会议，安排在西北进行反清斗争的计划。邹子良因奔走于西安及渭北等地未能出席会议，仍被选为总揽渭北会务的四位领导人之一，并主持与会党联络事宜。会后，与井勿幕、柏惠民等人筹资，派张奚若赴上海采购制造子弹的机器及炸药，又与马开臣、胡景翼等人团结并争取陕西军界中的进步人士参加革命；还介绍新军中的哥老会骨干王荣镇、陈得贵加入中国同盟会。1910年7月9日，革命党人与哥老会首领在大雁塔歃血结盟，邹子良出席了结盟仪式。

1911年8月，邹子良赴渭北山区联络哥老会、刀客，拟在渭北发难。10月22日，西安起义成功，邹子良即赶赴省城参加秦陇复汉军军政府工作。这时，哥老会首领张云山等人因职位未予安排而另树“洪汉”旗帜，使军政府面临分裂的严峻形势。邹子良与马开臣应郭希仁请求，入张云山幕府任参谋，调解纠纷，深得张云山的信任。不久，邹子良以前敌军务经略身份，又随张云山奔赴西路战场，与清军激战。潼关二次失守后，张凤翙急赴东路增援，张云山奉命回西安坐镇，布置防务；邹子良受张云山委托，指挥豳州（今彬州市）、长武一带战事，并护理西路军行营关防，为保卫陕西革命政权做出了贡献。

陕西停战后，邹子良辞去军职，在耀县一带牧羊场的基础上，创办了模范新村，希图实现孙中山民生主义的理想。1913年“二次革命”爆发，邹子良与马开臣、吴希真等奔走活动，组织反袁斗争。“二次革命”失败，袁世凯严令捕杀各省参加反袁斗争的志士，吴希真逃亡日本，邹子良与马开臣被陕西都督张凤翙奉命逮捕。次年春，两人在西安被枪杀。邹子良临刑前大义凛然，气概轩昂，毫无惧色，遇害年仅36岁①。

二、李润琛

李润琛（1898—1985年），女，清光绪二十四年（1898年）生于西

① 陕西省中共党史人物研究会：《陕西近现代名人录（续集）》，西安：西北大学出版社，1991年，第200页。

安市灞桥区红旗乡神鹿坊村。幼年家境贫寒，其母将其送进基督教会办的尊德女子中学附属小学读书。1912—1920 年进入陕西省立第一女子师范学校读书，1921—1927年先后在陕南商县龙驹寨女校、西安红十字会小学和陕北米脂、安边堡女校等处任教。

全面抗战爆发后，李润琛参加了由中共地下组织领导的“陕西省妇女慰劳会”，担任省妇慰会常委。她们组织和发动妇女参加识字班、歌咏队，宣传抗日救国的道理和中国共产党坚持抗战的政治主张；为前方将士募捐衣物鞋袜；并冒着风雨严寒日夜去火车站慰问、接抬和护理从前线回来的伤病员，以实际行动支援抗日战争。1938 年后转入农村从事乡村教育工作。1940 年春，她在老家神鹿坊村利用自己家后院基督教堂办起了简易妇女儿童识字班，吸引了乡村许多无钱上学的穷孩子。随着学生人数日益增多，许多有识之士纷纷提出要她将识字班办成正式学校。

随着学生不断地增加，李润琛同乡亲们商议迁到村西的三义庙中办学。庙里有两座房舍可作教室，庙外有几棵大树和一块空地，可供孩子们活动。但当时庙里还有个私塾学堂，经与私塾老先生孟承道商议取得合作，便办起了四个教学班。当年秋后学生就增到 200 多名，连高桥、史家湾、湾子村和浐河以西马腾空村的孩子也都来这里上学。这样一来，教室都不够用，城里来的老师们连住的地方也没有。扩建学校、增加教师都成了当务之急。但当时县政府推拖不管，地主老财们又一毛不拔，李润琛又气又急，便跑回西安把她在城里西二道巷仅有的一院住宅（14 间房）和家里值钱的家具全部卖掉，得到一万多元的法币（当时折合黄金 102 两），除留下一些供家用外，绝大部分捐给学校。经过筹划，用这笔钱买了四亩多地，盖起了一座五间两层楼房并改建了旧房舍，修建了校门楼，购置了课桌、凳子；还开挖了一条水渠，栽种了果树花木。所余不多，留作学校日常费用。就这样，在李润琛“倾家荡产”与乡亲们出力资助的情况下，一座初具规模，教育班级和课程门类较为齐全的小学终于建成，300 多名乡村儿童得以免费上学。由于学校建成之时，正值抗日战争的艰苦阶段，李润琛等人便以“一面抗战，一面建设”立意，将这所学校命名为“私立建国小学”。学校建成后成立了学校董事会，李润琛任会长。

1941 年 9 月，国民党特务以校方“接受了卢布”（指接受共产党的资助）为名，将李润琛拘捕关押 1 个多月，后无实据，只好“具保释放”。但学校这时期遇到了严重困难，为了摆脱困境，1942 年秋，李润琛卖掉了自己的自行车作路费远去重庆，在友人的帮助下，在四川粮食储运局当了一名普通职员，然后省吃俭用，多方奔走，向当地陕西同乡和同学募捐一批钱财，却不料被人偷盗一空，使她精神受到很大刺激，1945 年 6 月，她贫病交加回到家中，学校也因故被长安县政府接管并被改名为“神鹿坊小学”。

中华人民共和国成立后，李润琛担任西安市妇女联合会的副主任、市政协副主席和西安市儿童福利基金会名誉会长，长期关注妇女解放和儿童福利事业，多次担任西安市人大代表和西安市政协委员。1962 年她到神鹿坊小学视察工作时，看到这所学校面貌日新，教育质量不断提高，不由得激情满怀，百感交集，遂拿出人民币 300 元，捐献给学校师生，表达了对这所她亲自兴办的乡村小学的深厚情谊。为了表彰李润琛在妇幼工作中的突出成绩，1980 年，她被授予西安市“三八红旗手”称号。1985 年因病去世，享年 87 岁①。

三、冯瑞生

冯瑞生（1881—1934 年），名梦麟，字瑞生，回族。中国陕西穆斯林实业家，陕西长安人（今西安市莲湖区人）。出身贫寒，幼时就学私塾，家贫辍学，稍长从拳师习武，清光绪二十七年（1901 年）西安府乡试时中武举。

西安辛亥起义成功后，冯瑞生参加了西安回民政工所，协助秦陇复汉军维持回民居住区治安，积极拥护共和。1914 年后往来于陕、甘等地经商，1915 年集资开设德泰光煤油庄。1924 年与人合股创办西安德泰光美孚煤油股份有限公司，任董事长兼经理，后在大荔、渭南、潼关、

① 中国人民政治协商会议西安市灞桥区委员会文史资料工作委员会：《灞桥文史资料》第 2 辑，1987 年，第 30、149—155 页。

咸阳和甘肃平凉等地设立分理处，成为当时西北著名的石油商业企业。他致力于兴办实业，发展民族教育，举办回族穆斯林的社会公益事业。后与白楚珍（回族）等人在渭南创办“西北棉花机器打包厂”，是 20 世纪 30 年代陕西回族企业中最大的工商企业，也是西北地区规模较大的现代民族工商业。之后他又在西安开办西来堂餐馆，以及德兴和、仁中利、同义成等商号。

1929年，陕西大旱，冯瑞生联络同道成立陕西回教救灾会，募集粮款，登记附近街巷灾民，不分回汉一律赈恤，并设粥厂按日施放，接受施赈者达四五千人。还组织回民青年埋葬回汉饿毙灾民 240 余人。1930年，冯瑞生创立西安第一所回民女子学校——私立女子淑德初级小学，后又在西安狮子庙街、洒金桥办起私立崇实初级小学和私立明德初级小学两所回民学校。九一八事变后，他组织了陕西回教抗日救国会，广泛发动各界回族穆斯林，积极开展抗日救亡活动。1930年，冯瑞生发起组织了“中国回教公会陕西分会”，并被公推为主席。1932 年，他又在回民聚居区域设立了陕西省立第一实验小学（今西安市庙后街小学前身），还资助了 6 位回族青年赴北平、汉口上大学，培养专业人才，也培养了西安回民中的第一批大学生，为发展回民教育做了贡献。

冯瑞生编著有《穆罕默德传》《证明穆罕默德为圣集考》，并资助马君图等刊印《古兰经》。他曾先后担任过陕西省人民政府参议、陕西石油业同业公会主席、陕西省赈务会顾问等职。1934 年 5 月逝世[①]。

① 西安市地方志编纂委员会：《西安市志》第七卷，西安：西安出版社，2006 年，第 553 页。

第五章　近代陕西慈善事业发展的总体认识

近代陕西天灾人祸，陕西人不仅自救，而且救济他人；各类慈善组织、慈善家客观上推动了近代陕西的社会发展，唤醒了普通大众的道德良知，有利于社会和谐发展，也致使民间慈善机构与政府主导的官办慈善机构一面相辅相成；一面渐趋专业，走向分离。近代陕西地区的慈善事业作为近代中国慈善事业的一部分，为中国近代慈善事业的发展注入了新的血液，推动了中国近代慈善事业的发展，并对当时的社会产生了一定的影响和作用。

第一节　近代陕西慈善事业的发展趋势

一、救助主体及对象的发展趋势

清末至民国时期的救助主体主要有官办和民办及官督民办、官督绅办等形式，主要依据为经费来源和管理者与创建者的身份。官办慈善机构的经费主要来源于政府拨款，并且有官吏管理；民办慈善机构由民间社会力量自行发起，自筹款项，由民间人士自主经理各项慈善活动。另外还有一种官办民督性质的慈善机构，也是由民间社会力量创立，不过得到了官府的一定资助，并且接受官府的监督。

在这些救助主体中，民间慈善组织和慈善团体占有很大一部分。“一种事业之成立，莫不是基于社会之需要”①，在近代内忧外患的社会环境中，民间慈善组织、民间慈善家，顺应时代潮流，积极响应时代召唤，创办各种慈善组织、开展各种慈善活动，发挥了重要的作用。入清以后，民间慈善组织的数量逐渐增多。有救生局、安济堂、栖留所、敬节会、儒寡会、恤嫠局、育婴堂、恤孤堂、广仁堂、留婴局、放生局、惜字会等。清代这些慈善组织基本上包括了社会福利中所需要救济的方方面面。

另外，陕西近代慈善的救助对象不仅仅再局限于鳏寡孤独废疾老弱病者，因为 1840—1949 年这一特殊时期的战争灾荒，加上自然、政治、经济各个方面因素的综合，出现了一大批的流民、移民等，如果不加以救助，恐怕产生的社会问题会比战争和灾荒本身更加难以遏制。

二、救助手段的发展趋势

近代陕西地区慈善事业的救助手段也不只是单纯的救济，更多的趋向于以工代赈。传统的慈善救助只是施棺席、衣服、茶水、医药，举办收容机构（栖留所、育婴堂等）等。而在近代，更多是收留的同时授以一定的技能，保证灾难之后这些被收容人员能够更好地生活，减少社会不稳定因素。这种以工代赈型的教养型救济机构能够传授谋生技能，相较于粥厂等传统慈善救济机构单纯性物质救济手段所达到的暂时性稳定社会秩序的救助效果来看，则具有了长远与示范性的良好社会影响。②

此外，这些慈善机构也不是永久收留难民，它们根据自己的组织情况有所限制，但原则上会给灾民一定的保障，这样做的好处就是防止灾

① 李文海，夏明方，黄兴涛：《民国时期社会调查丛编·社会保障卷》，福州：福建教育出版社，2004 年，第 311 页。

② 王娟：《近代北京慈善事业研究》，北京：人民出版社，2010 年，第 215 页。

民滋生懒惰和依赖心理，“授之以鱼，不如授之以渔”。比如像 1933 年陕西省赈务会在西安东关索罗巷设立栖留所，收养各地因水灾流离饥民中的妇孤残老。凡持有赈务会发给“入场券”的灾民方能进入栖留所，每天提供两餐，一半米一半面，栖留的时间为 3 个月。

三、救助功能、救济运作的趋势

近代以后，民间慈善组织的功能都比较齐全。有救济落水者的救生局，救济孤老的安济堂，收容流民的栖留所，有抚恤寡妇的敬节会、儒寡会、恤嫠局等，有收养孤儿的育婴堂、恤孤堂、广仁堂、留婴局等，还有恤及生灵万物的放生局、惜字会之类的善堂、善会。这些慈善组织基本上包括了社会福利中所需要救济的方方面面。

近代陕西慈善救助的救济运作模式也出现了新的变化，近代兴起的火车、汽车、电报、电话、报纸等也派上用场，尤其是《陕灾周报》功不可没。仅存的几期记录灾害及慈善救助的报道，可以说是研究陕西灾难慈善的宝贵材料。

第二节　近代陕西慈善事业的地域特征

一、近代陕西慈善的主要特点

近代陕西的慈善事业在学习和吸收西方慈善思想和理念的同时，也和其他省份一样呈现出近代化的特点：慈善机构的多元化，慈善管理的科学化，慈善资源的广泛化，慈善救济的近代化，慈善发展的不均衡化[①]。

第一，慈善机构的多元化发展。一方面晚清时期的许多慈善机构

① 张少利：《民国前期湖南慈善事业研究》，长沙：湖南师范大学硕士论文，2008 年，第 174—187 页。

依然存在，如育婴堂、义仓等；另一方面一些慈善团体和个人又创办了很多慈善救济组织，如1920年成立的陕西义赈会，1928年成立的第一妇女习艺所，1922年张子宜创立的西安孤儿教养院等，还有外国教会创立的慈善救济机构，如1940年建立的凤翔天主总堂战区灾童教养院等。第二，慈善管理的科学化。传统慈善事业缺乏科学管理，一般由地方各级官吏或乡绅管理，缺少专业化的管理机构和队伍，也没有专门的法制规范。进入民国后，陕西慈善事业在管理方面有了一定程度的科学化，如成立董事会机构，张子宜创立的西安孤儿教养院还将收支在《陕西慈善月报》公布，自觉接受社会监督。第三，慈善资源的广泛化。慈善事业的发展需要充裕的经费，传统慈善一般由政府拨款，如康熙三十年（1691年）陕西蝗灾，清政府拨山西省藩库银25万两救济陕西。近代以来，陕西慈善资源日益广泛化，光绪中期以后，由于巨额对外赔款和连年战争，政府财政拮据，民间募捐越来越成为主体。如民国十八年（1929年）年馑，民间募捐成为救灾的主体。第四，慈善救济的近代化。一是在救济手段上，近代陕西已逐步运用当时较为先进的通信方式和交通工具，如电报、报纸、电影等新媒体和近代公路、铁路等交通工具，如1929年上海一家电影制片厂到陕西拍摄纪录片，反映陕西灾情，然后到全国各地进行募捐，取得很好的效果。二是在救济方法上，不局限于救济，而是“授之于鱼，不如授之于渔”，以工代赈，对灾民特别是儿童进行教育。第五，慈善发展不均衡。一是慈善救济偏重于救灾和救助老幼。二是在地域上城市优于乡村，关中优于陕北、陕南。

二、鲜明的半殖民地半封建化色彩

因为任何社会活动都无法摆脱时代环境的影响，鸦片战争以后，中国逐步陷入半殖民地半封建社会的深渊，毫不夸张地说，近代中国的每一方土地、每一个历史现象都或多或少地打上了半殖民地半封建社会的时代烙印，所以陕西近代慈善事业的发展自然也不例外。西方来华势力通过开展宗教慈善活动来攫取许多特权，而这些特权关乎政治、经济利益，使得他们举办的慈善救济事业带上了浓厚的侵略色彩与政治意义，因此西方某些的确能够发挥积极作用的救济手段在中国推广时，难免产生一定的消极影响[①]。

教会育幼慈善就是一个鲜明的例子。1932年，意大利神甫巴甲弟在西安市糖坊街建立天主堂孤儿院，收养中国贫苦幼婴。但是这座由教会操纵了19年的孤儿院，却是真正披着慈善的外衣进行虐待残害儿童的殖民主义毒瘤，里面的难童受到非人的待遇鲜为人知。后来于1951年6月由西安市政府接管，成立了西安市解放育幼院。

第三节　近代陕西慈善事业的社会影响

慈善是中华民族的传统美德和人类社会文明的重要组成部分，大力发展慈善事业，对于调动社会资源、调节贫富差距、缓和社会矛盾、促进社会公平、提高公民素质、增强社会责任，构建社会主义和谐社会具有十分重要的意义。近代陕西地区慈善事业的发展具有重要的社会影响。

一、近代西北地区慈善事业的先锋，为后人预防灾害提供借鉴

近代西北地区包括陕西、甘肃、宁夏、青海、新疆。在慈善事业方面，近代陕西地区的社会慈善事业因为地理（中国内陆腹地）及历史的原因，虽然不及沿海城市那么颇具规模，但是在西北地区也算是开展得如火如荼。

如前面所讲，陕西近代慈善事业包括官办和个别富绅举办的一些慈善、救济机构及中华民国时期由政府和红十字会创办一些慈善、救济机

① 王娟：《近代北京慈善事业研究》，北京：人民出版社，2010年，第219页。

构，社会上有些慈善家出资创办的慈善事业，还有外国教会创办的一些慈善、救济机构。不管是官办慈善组织、慈善团体，还是民间慈善组织，其数量、规模、功能几乎是涵盖了当时所能遇到的灾害救济的方方面面，算得上近代西北地区慈善事业的先锋，毕竟慈善事业是群众性的社会事业，需要更多人的参与。

慈善一般和灾难、灾害、战争等联系在一起，通过对近代陕西近一百余年的灾荒史、慈善史的调查研究，我们从中找到规律，发现哪些地理位置容易受到自然灾害的袭击，哪些地理位置比较太平，会给类似的问题提供一个可借鉴的平台。

二、促进社会的和谐发展

慈善事业以人文关怀和济贫助困为宗旨，倡导一种充满责任感的生活方式，有助于形成民族凝聚力和向心力，是推进社会主义精神文明的新动力和构建和谐社会的一支重要力量。[①]慈善文化秉承中华民族的传统美德，成为社会主义和谐文化的重要组成部分。大力弘扬慈善文化，用爱的甘露来浇灌人们的心田。慈善事业是伟大的事业，它帮助人们走出困境，改善生存条件，提高生活质量，获取更强的生存能力。所以大力发展慈善事业，真正体现了以人为本，构建社会主义和谐社会的本质要求。让我们都来关心、支持和参与慈善事业，承担起我们每位公民应尽的社会责任，为促进社会主义和谐社会发展尽一分力量。[②]

三、唤醒道德良知，培养善举义行

自古以来，我国就十分崇尚道德，并把道德作为治世之道和衡量一个人文明素质高低的首要因素。在中国的传统道德中，人们普遍认为德莫大于仁，莫大于善。其理论根源，正是儒家鼻祖孔子创立了以“仁”

① 赵永忠：《慈善事业：建设社会主义和谐社会的重要方面》，《道德与文明》2006年第2期。
② 李实，李建华：《发展慈善事业，促进社会和谐》，《实践·探索》2007年第8期。

为核心的人本主义思想体系。这种思想体系实际上成了传统社会中慈善思想的重要组成部分。在慈善意义上的恤老慈幼、扶弱帮困也成了中国人约定俗成的道德规范。两汉之际传入中国的佛教也倡导慈善，其慈善的核心是行善的功德论，有着浓厚的“修福”观念。因此，慈善也在历史的长河中积淀、凝结成一种乐善好施的观念与行为，成为中华民族传统美德的一部分。

另外，我们通过对慈善事业的宣传，还可以唤醒人们的道德良知，开辟心灵的“绿洲”，使之愿意为这一“爱心事业”慷慨解囊，在实现自我的同时也求得社会的认可。同时捐献者的善行义举反过来又对社会产生影响，可以对人们起着道德示范的作用。慈善事业提倡人道主义，使人人富有同情心，有助于人与人之间形成互帮互助、相互关爱及助人为乐的社会主义道德新风尚。慈善有着类似于佛教的“无缘大慈、同体大悲”的精神境界，即以他人的苦难为自己的苦难。这种由对他人苦难的同情心所引生的急他人之所急、想他人之所想的思想一旦为人们所接受，将有助于全社会道德水准的普遍提高。此外，弘扬慈善精神，还可以使人们心怀天下，先天下之忧而忧，后天下之乐而乐。

第四节　近代陕西慈善事业的现代启示

一、加强灾害预防

通过近代陕西地区慈善活动的罗列，给予我们最大的启示就是加强灾害预防，未雨绸缪。自然界变化无常，需要我们做好一定的预防工作。

忧患意识是中国传统优秀文化的重要组成部分，是我们民族精神的精华所在。[1]近代乃至近代以前的中国社会，人们的科学文化水平低下，认识自然的能力不足，长久以来都把自然灾害归结于天灾和报应，从而导致人们在减灾过程中采取消极应对，坐以待毙。胡适在谈到中国人对付灾荒的办法时证明了这一点。“天旱了，只会求雨；河决了，只会拜金龙大王；风浪大了，只会祷告观音菩萨或天后娘娘；荒年了，只好逃荒去；瘟疫来了，只好闭门等死；病上身了，只好求神许愿。”[2]与此同时，中国传统的救灾观念，重救不重防，使很多人在现实生活当中缺少居安思危的意识和习惯。但是大灾之后，即使财力不足也会重视减灾工作，而在平时或者只有小灾时，人们便会产生麻痹大意的思想，即使具备减灾的财力，也一般会优先考虑常规经济投入而非减灾。

灾难在摧残近代陕西人身体和意志的同时，也在他们的心灵深处留下了阴影。由于人们对旱荒的长期恐惧心理，使他们中的很多人把水看得更加的金贵。在凤翔地区甚至都出现了这样的民谚：“宁肯给人一个馍，也不给人一碗水。”长久以来的饥荒，使得他们在以后的生活中变得谨小慎微，稍微有些储蓄的人，也不敢贸然的扩大再生产。当然，有忧患意识是好的，但这种过度的忧患则是有百害而无一利的。长此以往，它不仅影响了陕西经济的发展，而且还会造成陕西人闭关自守、不思进取的保守心态。[3]

二、提升公民慈善意识

公民慈善意识是公民在社会生活中受经济、教育、文化、宗教等多种因素长期综合影响而形成的，是人们的价值观念在慈善活动中的体现，也是人们乐善好施、扶贫济困、追求公平等价值追求的体现[4]。从本质上说，慈善属于道德的范畴，是一种道德活动，慈善意识是一

① 张涛，项永琴，檀晶：《中国传统救灾思想研究》，北京：社会科学文献出版社，2009 年，第 15 页。

② 胡适：《胡适论学近著》，济南：山东人民出版社，1998 年，第 368 页。

③ 安少梅：《陕西民国十八年年馑研究》，西安：西北大学硕士学位论文，2010 年，第 26 页。

④ 陈东利：《论当下公民慈善意识弱化的成因》，《山西师大学报》（社会科学版）2012 年第 4 期。

种价值观念，只有树立正确的慈善意识，在全社会形成一种崇尚慈善、自觉参与慈善事业的社会氛围，才能从根本上促进我国慈善事业的迅速发展。

从近代陕西慈善事业发展来看，近代陕西民众和团体热心慈善公益事业，具有良好的慈善意识，然而这些慈善意识也要随着时代的发展不断提升，必须突破一些传统观念的限制。第一，传统儒家“仁政”学说限制。仁政是一种儒家的政治理想，儒家“仁政”学说的理论基础是“性善论”，在政治上提倡“以民为本”，“仁政”的基本精神是对人民有深切的同情和爱心，然而，儒家却把“仁义”“仁政”的施行看成是政府的基本职能，导致长期以来人们把慈善看成是政府的一种救济行为，这种慈善意识不利于近代陕西民间慈善事业的发展。第二，传统财富观的限制。财富观是指人们对财富价值的理解和认识，中国传统文化中非常重视财富，更主张富国、富民，但强调致富必须以道德上的正义为前提。在财富生产上主张“农本商末”，分配上主张“不患寡而患不均”，这种财富观使慈善的价值更强调施予者的仁慈，形成了中国人不公开的、封闭式的财富观，客观上限制了人们的慈善行为。第三，家族意识的限制。家族本位是中国传统社会的一个重要特色，以家族为本位，儒家提倡“等差之爱”，即在普遍之爱的基础之上强调亲疏有别的爱。这样的传统文化氛围，使得国人的传承意识比较强，要把财产遗赠给后代，形成由近及远、由亲及疏的慈善原则，导致近代陕西慈善事业的发展具有封闭性和内敛性，限制了部分民众的捐赠行为。

三、完善慈善机构管理

近代陕西地区慈善法律法规体系不完备，慈善机构内部管理不完善，缺乏慈善管理人才，因而慈善机构的社会效益得不到充分体现。近代陕西的慈善机构，不管是官办、民办、官督绅办、官督商办的慈善组织，虽然在手段和功能方面比较全面，但是机构管理完善的却少之又少，这也是造成陕西近代许多慈善组织短命的原因之一，多数慈善组织存在不过几年时间。所以，完善和规范慈善机构的管理也是近代陕西慈善事业带给我们的重要启示。

总之，近代陕西地区慈善事业已经得到了一定的发展，为陕西地区当代慈善事业的发展积累了一定的经验。目前，我国的慈善事业的发展还处于初级阶段，陕西地区也不例外，社会的慈善意识、慈善规模、慈善组织、捐赠机制、法律制度等方面还需要在实践中进一步增强和完善。我们应总结和继承近代陕西地区慈善事业发展的经验和启示，为新时代陕西慈善事业的发展服务。

第六章　当代陕西慈善事业发展现状

慈善事业在我国源远流长，影响久远。改革开放以来，特别是20世纪90年代以后，随着我国社会经济的发展、社会主义市场经济的确立，慈善事业不断得到重视，为慈善事业的发展创造了良好的条件。

第一节　当代陕西慈善事业发展的现实条件

一、经济实力的稳步增强奠定了坚实基础

改革开放以来，陕西经济社会进入持续快速发展期。经2017年初步核算，全年生产总值21 898.81亿元，比上年增长8.0%。其中，第一产业增加值1739.45亿元，增长4.6%，占全省生产总值的比重为7.9%；第二产业增加值10 895.38亿元，增长7.9%，占全省生产总值的比重为49.8%；第三产业增加值9 263.98亿元，增长8.7%，占全省生产总值的比重为42.3%。人均生产总值57 266元，比上年增长7.3%。[①] 回

---

① 陕西统计局：《2017年陕西省国民经济和社会发展统计公报》，http://www.shaanxi.gov.cn/jbyw/ggjg/tjgb/sxsgb/105277.htm（2018-03-15）。

顾过去的几年，陕西经济实力持续壮大。在东部率先、中部崛起的大背景下，地处西部的陕西一度掉到全国第 23 位。为实现区域均衡发展，1999 年，国家适时发出了西部大开发的号令，提出西部赶超。陕西紧紧抓住这一难得的历史机遇，坚持以科学发展观为统领，以富民强省为目标，突出重点，有序开发，整体推进，经济社会发展取得了巨大成就。2008 年，全省经济总量达到 7 314.58 亿元；2010 年达到 10 123.48 亿元，跻身全国“万亿 GDP 俱乐部”；2011 年达到 12 512.3 亿元，在全国的位次提升到第 17 位。党的十八大以来，陕西又一次实现了飞跃发展，2012 年超越黑龙江，经济总量跃居全国第 16 位，2012—2014 年，陕西省经济总量连续三年保持全国第 16 位。2015 年经济总量达到 18 021.86 亿元，2016 年经济总量达到 19 165.39 亿元。2017 年党的十九大胜利召开，极大地鼓舞了全省人民，在以习近平同志为核心的党中央坚强领导下，全省上下围绕追赶超越定位和“五个扎实”要求，经济总量达到 21 898.81 亿元，全国排名第 15 位，总体呈现稳定快速增长趋势。陕西省的经济发展动力强劲，运行平稳，为慈善事业的发展打下良好的经济基础。

二、社会事业的全面进步提供了有利条件

陕西省的基础设施建设、环境保护、教科文卫、社会保障等社会事业发展也在全国名列前茅。据陕西省统计局统计，2017 年，全省共有高等学校 108 所，其中普通高等学校 81 所、成人高校 15 所，另有独立学院 12 所。全年招收普通本专科学生 30.48 万人，在校学生 106.94 万人；研究生招生 4.04 万人，其中科研单位招生 214 人，在校研究生 11.59 万人，其中科研单位 643 人；成人高等教育招生 5.66 万人，在校学生 14.96 万人。全省共有中等职业学校 245 所，全年招生 9.84 万人（不含技工学校），在校学生 26.21 万人。全省共有小学 4752 所，招生 48.05 万人，在校学生 252.31 万人；普通中学 2094 所（其中高中 473 所），招生 59.99 万人（其中高中 24.38 万人），在校学生 180.63 万人（其中高中 75.66 万人）。

全省共有图书馆 110 个，文化馆 122 个，艺术表演团体 281 个。全年

出版报纸43种，出版各类期刊268种。全省拥有国家综合档案馆119个，馆藏档案资料822.80万卷（册）、918.06万件，其中陕西省档案馆馆藏档案资料73.33万卷（册）、13.48万件。全省共有省级广播电视台1座，市级广播电台10座、电视台10座（西安、咸阳、延安、榆林、安康、商洛6个市两台合并），县级广播电视台88座。全省拥有卫生计生机构35 862个（含村卫生室24 978个），其中医院1150家，社区服务中心（站）603家，卫生院1559家。全省共有床位24.1万张，其中医院病床19.3万张，卫生院病床 3.6 万张。全省共有卫生人员 39.4 万人，其中卫生技术人员31.03万人。卫生技术人员中执业（助理）医师9.3万人，注册护士12.7万人。全年体彩销售达到65.82亿元，同比增长18.8%。

2017年全省居民人均可支配收入20 635元，比上年增加1761元，增长9.3%。其中，工资性收入11 254元，增长8.6%，占可支配收入的比重为54.5%；经营净收入2630元，增长3.6%，占12.8%；财产净收入1180元，增长6.9%，占5.7%；转移净收入5571元，增长14.5%，占27%。全年居民人均可支配收入中位数18 243元，比上年增长10.4%[①]。

陕西省人民政府在2018年《政府工作报告》中承诺，将继续完善城乡社会保障制度。按照兜底线、织密网、建机制的要求，加强多层次社会保障体系建设。全面实施全民参保计划，加大第二代社会保障卡推广应用力度，落实基本养老保险制度改革总体方案，推进机关事业单位养老保险制度改革。深化医疗保险支付方式改革，进一步完善城乡居民基本医疗保险和大病保险政策。稳步开展社保基金投资运行，实现保值增值。做好低保、优抚、救助、慈善等工作，健全农村留守儿童和妇女、老年人及困境儿童关爱服务体系，对各市区保障农民工工资支付工作进行年度考核[②]。

① 陕西统计局：《2017年陕西省国民经济和社会发展统计公报》，http://www.shaanxi.gov.cn/jbyw/ggjg/tjgb/sxsgb/105277.htm（2018-03-15）。

② 《陕西省2018年政府工作报告》，http://www.shaanxi.gov.cn/gk/zfgzbg/szfgzbg/102307.htm（2018-02-05）。

三、一些低收入群体需要社会帮助

陕西省的经济、社会发展虽然取得了令人瞩目的成就，但是受自然条件、地理条件等复杂因素的影响，自然灾害频发，农村和城市中都还有一些贫困家庭入不敷出、无钱就医或入学，有很多鳏寡孤独和残障人士需要帮助。

2017 年，陕西省自然灾害频发，全年发生洪涝、风雹、干旱等 9 类自然灾害 413 次，10 个市 98 个县（区、市）687.9 万人次受灾，因灾死亡 58 人，紧急转移安置 32.35 万人，倒塌和严重损坏房屋 2.45 万间，一般损坏房屋 4.03 万间；农作物受灾面积 733.18 千公顷，绝收 106.4 千公顷，直接经济损失 154.48 亿元①。

由于各种自然灾害和贫困因素的影响，陕西省尚有一些低收入群体需要社会的帮助。在这种情况下，通过发展慈善事业来帮助低收入群体是十分必要的。这不但可以帮助低收入群体渡过难关，减弱自然灾害等因素给他们造成的影响，同时也是对和谐社会的有力推动。

第二节　当代陕西慈善事业取得的成就

1949 年，中华人民共和国成立后，政府逐渐将救济福利事业提上日程，对旧有的慈善机构进行了接收和改造，并新建了一些社会福利机构，颁布了《劳保条例》和《劳保条例实施细则修正案》等相关法规。随着计划经济的建立，民间慈善事业开始转向慈善福利国家化的道路。1978 年，中共十一届三中全会后，随着改革开放的全面展开和市场经济的发展，慈善事业具备了复兴的条件。1994 年，中华慈善总会创立后，民间慈善机构（包括省级慈善机构和地方性慈善机构）纷纷建立，

① 陕西民政厅：《2017 年前三季度陕西灾情汇总》，http://shaanxi.mca.gov.cn/article/tjsj/201711/20171101021411.shtml（2017-11-13）。

慈善活动也频频开展起来，我国的慈善事业进入到了一个新的发展期。1996 年 7 月 28 日，陕西省慈善协会成立，推选时任陕西省人大常委会副主任徐山林为会长，同年 10 月 29 日获批成为中华慈善总会团体会员。随后陕西各地也先后成立了慈善组织（表 6-1）。党的十八大以来，特别是 2016 年《中华人民共和国慈善法》施行以来，陕西省慈善事业取得了很大的进步，表现在慈善救助项目正在完善，慈善宣传工作有了新提升，慈善组织发展较快等几个方面。

表 6-1 陕西各地慈善组织成立时间及活动

地区	成立时间	慈善组织	主要活动
西安市	1997.9.26	西安市慈善会	春节送温暖、六一送关爱、八月助学、重阳助老、大病助医等慈善扶贫帮困项目
咸阳市	1998.2.28	咸阳市慈善扶贫协会	慈善扶贫助学、福泉工程
榆林市	1998.6.9	榆林市慈善协会	慈安井
铜川市	1999.10.20	铜川市慈善暨扶贫协会	“三大节日”送温暖慰问活动、万企帮万村
安康市	2001.5.5	安康市慈善协会	慈安桥、春节送温暖、帮扶留守儿童
商洛市	2001.7.19	商洛市慈善协会	慈善建桥、助学、筑巢、扶孤、帮困、救灾、“三大节日”慰问、慈善教育宣传等项目
渭南市	2001.12.31	渭南市慈善协会	“三大节日”慰问、慈善助医、慈善助学、慈安便民桥
汉中市	2002.4.26	汉中市慈善协会	慈安便民桥、“三大节日”慰问、慈善助学、“关爱儿童之家”筑巢项目
延安市	2002.8.6	延安市慈善协会	慈善助学、“三大节日”慰问
宝鸡市	2003.6.18	宝鸡市慈善总会	爱心牵手不幸儿童、贫困村组慈安桥建设、慈善助学、“三大节日”送温暖慰问、应急性赈灾帮困、爱心相助遭遇不幸家庭
杨凌示范区	2004.5.28	杨凌示范区慈善协会	科技支农科技扶贫、慈善助学、慈善助医

资料来源：陕西慈善协会编著：《大爱之歌》，西安：陕西人民美术出版社，2006 年，第 112—115 页

一、慈善救助项目正在完善

1. “三大节日”救助活动越做越大，内容和形式不断改进

“三大节日”救助项目是陕西省慈善协会的品牌慈善项目。陕西省

慈善协会继续发展联合，着力开展“三大节日”救助工作，扩大规模，丰富内容，取得了新的进展。2016 年“春节送温暖”全省共筹集资金 1947.96 万元，救助特困群众 5.57 万户；“六一送爱心”全省共筹集资金 571.45 万元，慰问贫困儿童 4.72 万名；“九九重阳节”全省各级慈善机构共筹集了价值 698.15 万元款物，全省共计慰问贫困老人 2.78 万名，各地 3.5 万名慈善志愿者深入基层进村入户开展了慈善志愿服务①。

每年春节前，陕西省慈善协会联合省人力资源和社会保障厅、省民政厅、省总工会、陕西电视台、省慈善书画研究会及各市慈善协会等单位，采取省市县联动方式，开展向城乡特困户送温暖大行动，仅宝鸡市慈善总会 2016 年春节送温暖资助总额达 52.5 万元，共慰问贫困家庭 1750 户，每户 300 元。

六一儿童节是少年儿童的节日，陕西省慈善协会联合陕西省妇女联合会、陕西省慈善书画研究会以及各市慈善协会等单位，先后开展了一系列的助学活动，资助贫困学生，资助建设中小学校，举办了庆“六一”联合会演，组织儿童参观八路军西安办事处纪念馆、大雁塔和陕西自然博物馆，使他们既受到爱国主义和革命传统教育，又增长了科学知识，取得了良好的社会效应，已使数十万计的孤儿和贫困地区的少年儿童亲身感受到了来自社会的温暖与关爱。仅宝鸡市慈善总会 2016 年共资助金额 64.5 万元（其中陕西省慈善协会 12.5 万元，宝鸡市宋庆龄基金会 3 万元），慰问贫困儿童 2450 人。其中，1200 名贫困家庭亲情缺失少年儿童，每人发放 500 元的慰问金，在这些儿童中父母一方病故、离异或出走的 798 人，患大病或精神病的 128 人，父母一方残疾、残疾儿童或留守儿童 178 人，父母一方服刑或孤儿 96 人。

在“九九”重阳节这个老年人的节日当中，陕西省慈善协会联合陕西省老年事业基金会、陕西省慈善书画研究会及各市慈善协会，共同举办以“爱在金秋”为主题的向全省两万名贫困老人送关心联合慈善大行动，还专门邀请老红军、老劳模、陕西省“十大孝子”代表出席，讲述

① 杨华：《2016 年陕西省慈善十大亮点》，http://www.sxscsxh.cn/NewsShow/1181/2940.html（2017-02-10）。

革命传统，传承“百善孝为先”的美德。同时，还组织医疗志愿者为与会老人义诊，组织社会志愿者到贫困老人家庭做家政服务，与社区老人一起联欢，受到广泛欢迎。仅宝鸡市慈善总会 2016 年共筹集 30 万元（其中陕西省慈善协会 8.55 万元），对全市 600 名居家生活的鳏寡孤独、病残及子女确无赡养能力的失能、半失能贫困老人进行慈善资助，每人 500 元①。

2. 慈善救助项目成绩显著，呈现多样化格局

陕西省慈善协会与多家国外（境外）慈善组织合作，实施了一大批慈善项目，使大量弱势群体获得帮助。引进实施的各类项目，规模逐年扩大，救助人数逐渐增加，效益越来越好，成为陕西省慈善协会不断增加善款数量和扩大项目覆盖的一个重要方面。

与陕西省慈善协会合作期限最长的是世界宣明会。世界宣明会（World Vision）是一个发扬人道与博爱精神的国际慈善团体，其宗旨是以爱心服侍贫苦及有需要的人们，与他们一起面对贫穷和灾难，合力克服困境，使其走上康庄之路。世界宣明会于 1950 年创立，起源于对一个孤苦女孩的爱心。因此，世界宣明会特别关心儿童的处境与欢乐，着重帮助孤儿及有特殊需要的孩子，尤其是关注女童教育、性别平等和环境保护问题。2000年5月，世界宣明会与陕西慈善协会合作，积极参与陕西慈善事业，如 2006 年，世界宣明会与白河县人民政府签订了“以儿童为本的区域发展项目”协议书，实施期限为14年（2006—2020 年）。十几年来，世界宣明会为中厂、卡子、宋家、冷水 4 个镇 14 个项目村修建教学楼 19 座，面积 21 276 平方米；为 8 所学校修建围墙、硬化操场；为 15 所学校购置教学设备；为项目村修建慈安便民桥 41 座，修通公路 54.7 千米，修建蓄水池 19 座，铺设输水管道 1.4 万米，修建公厕 35 个，修建沼气池 86 个；救助项目区贫困家庭身患重病儿童 14 人。十几年来累计投资2692万元，极大地改善了山区的办学条件和人民群众的生存环境，为白河县经济发展和社会进步

① 宝鸡市慈善总会：《宝鸡市慈善总会 2016 年工作报告》，http://www.bjscszh.com/NewsShow/4261/8737.html（2017-03-10）。

做出了积极贡献[①]。

陕西省慈善协会开展最早的助医项目，是2000年引进美国“微笑列车”基金会资助开展的唇腭裂矫治项目。2001年4月“微笑列车”慈善项目进入陕西，与陕西省慈善协会开始合作。合作十几年来全省接受援助资金1440余万元，5300余名贫困家庭唇腭裂患者从项目中获益，项目合作医院发展到12家，西安交通大学附属口腔医院、安康市中心医院、榆林市第二医院、商洛市中心医院、汉中市中心医院、第四军医大学（今空军军医大学）口腔医学院、铜川市人民医院、宝鸡市口腔医院、咸阳市第一人民医院、延安市人民医院、榆林市第一医院、延安大学附属医院12家医院成为项目定点医院，参与救治[②]。该项目管理科学、运作规范、救助范围广、救助效果佳，成为陕西慈善助医的品牌项目。合作十几年来，成效显著。之后，又同国内外有关机构广泛合作，陆续开展了8个助医项目。分别为：“仁欣健康工程”项目、“格列卫”项目、“易瑞沙”项目、“多吉美”项目、“万他维”项目、“拜科奇”项目、“肢体伤残·关怀行动”项目和“万名复明帮困慈善行动”项目，都取得了积极进展。

与此同时，陕西省慈善协会与国内外慈善组织、企业单位合作开展的慈善项目也越来越多。如2008年申华集团与陕西省慈善协会共同商定，由申华集团设立资金总额为1亿元的专项基金，简称陕西省仁欣健康慈善基金，每年用基金利息500万元资助贫困家庭心脏病患者。三级甲等资质的西安高新医院被确定为“仁欣健康工程”手术的唯一承担医院。项目自2008年7月实施以来，到2011年底，共救助心脏病患者1807人，资助金额1011.2741万元，医院减免医疗费924万余元。其中，先天性心脏病患者1540人，风湿性心脏病患者206人，冠心病患者59人，其他患者2人。受益患者遍布8个省份，其中，陕西省1453人，发放基金808.7141万元；山西省294人，发放基金167.6万元；河南省20

---

① 马力强：《世界宣明会与白河县政府合作十年成效显著》，http://www.sxscsxh.cn/NewsShow/1186/2090.html（2016-06-15）。

② 陕西省慈善协会：《“微笑列车”慈善助医项目》，http://www.sxscsxh.cn/ProjectShow/1234/32.html（2017-04-27）。

人，发放基金 12.2 万元；甘肃省 22 人，11.95 万元；青海省 7 人，发放基金 4.16 万元；内蒙古自治区 5 人，发放基金 2.9 万元；四川省 5 人，发放基金 3.05 万元；贵州省 1 人，发放基金 0.7 万元[①]。“爱心关照·慈善帮困”活动是由陕西省慈善协会和陕西省总工会联合开展的品牌项目，其善款来源为陕西煤业化工集团在陕西省慈善协会设立 1 亿元《慈善帮困基金》中的增值款 500 万元。帮困对象为陕西煤业化工集团所属困难企业、省国防系统、省纺织系统、省建工集团所属企业，各市、县企业中生活特困的老职工，每人每年帮困资金 2400 元（每月 200 元）。项目自 2012 年底启动以来，截至 2015 年已连续开展了 3 年，累计使用资金 1500 万元，帮助困难职工 6150 人。各市、县帮困单位志愿者服务队结合企业工会帮扶工作站，深入推进企业慈善志愿者服务活动，结合实际开展了多种形式的帮扶活动，尤其是对老年困难职工的慈善服务，使他们感受到党和政府及社会各界的爱心和温暖[②]。

2011—2016 年，“三大节日”项目共筹集善款 12 565.99 万元，慰问救助 61 万多名（户）城乡贫困家庭、贫困老人和贫困儿童；“慈安桥”项目筹措资金 10 970 万元，修建慈安便民桥 2083 座；“慈善助学”项目筹集资金 4822.32 万元，资助大中小贫困学生 15 941 名；“慈善助医”项目引进和筹集资金 4008.35 万元，实施了唇腭裂矫正手术、救助先心病患儿和治疗白血病、脑瘫儿童等项目，资助贫困患者 3565 人次，并为 5000 多人次各类癌症患者提供了 9 种药品援助；“慈善助残”项目筹集资金 823.28 万元、接受捐赠轮椅 300 辆、助行器 250 个及一批助听器、眼角膜、医疗康复器械等，全部用于关爱重残、失能老人和聋哑、智力障碍儿童；“赈灾救助”项目共筹集紧急救灾资金 3399.42 万元，用于芦山、鲁甸地震及陕南陕北旱灾、洪涝等灾区重建项目和贫困地区救助项目；“应急救助”项目使用救助资金 80.1 万元，应急救助重大疾病患者等特困群众 187 人。而且创新发展了慈善扶贫、慈善筑巢、慈善帮困、一元

① 陕西省慈善协会：《仁欣健康工程》，http://www.sxscsxh.cn/ProjectShow/1234/35.html（2017-03-27）。

② 陕西省慈善协会：《爱心关照·慈善帮困》，陕西省慈善协会网站 http://www.sxscsxh.cn/ProjectShow/1234/34.html（2017-03-18）。

关爱、慈善信托、慈善文化、关爱儿童、社区慈善、公益创投、慈善墓园、知青帮困、关爱抗战老兵及生命之光大病救助等一批新项目[①]。

二、慈善宣传工作逐步提升

陕西省慈善协会以普及慈善理念为中心，实行内部宣传和社会宣传相结合、一般宣传和重点宣传相结合，推动慈善宣传工作全面深入开展。

一是加强与新闻媒体和互联网的合作。充分利用报刊、广播、电视等新闻媒体和互联网，加强慈善宣传。与多家媒体签署合作协议，开设了慈善专版、慈善专栏、慈善网页和网络捐赠平台等。加强影视宣传，发挥自有媒体作用。《中华人民共和国慈善法》颁布后，陕西省慈善协会在全省掀起了学习宣传贯彻《中华人民共和国慈善法》的高潮。陕西省慈善协会编发慈善周刊、慈善专刊 144 期，出版《善行天下》42 期、《陕慈快讯》155 期，制作慈善宣传片 15 部、项目宣传册 9000 余册，媒体刊登稿件 910 余篇。《慈善公益报》《慈善》杂志和中华慈善网等在显著位置刊载我省慈善工作的系列报道，在全国引起较大反响。

二是慈善文化活动丰富多彩。陕西省慈善协会成功举办了 2012 年 5 月 29 日的“慈善答谢会”、2015 年 3 月 31 日的“大爱在三秦”慈善促进大会、参与承办了 2016 年迎“9·5 陕西慈善之夜”晚会等大型慈善活动。陕西省慈善协会组建了文化促进委员会，坚持每年开展群众性慈善文艺演出、爱心歌曲大家唱、慈善诗文朗诵、慈善摄影展及慈善书法大赛等系列慈善文化活动，参与人数达上百万人次，产生了广泛的影响。

三是深化“千校慈善教育”项目。从 2012 年开始，陕西省慈善协会联合陕西省教育厅等部门筹措资金 1200 多万元，购买《慈善读本》200余万册，在全省 1740 所中小学校、200 多万学生中开展了“千校慈

① 陕西省慈善协会：《牢记宗旨 大爱前行》，http://www.sxscsxh.cn/NewsShow/1181/2917.html（2017-01-18）。

善教育”活动。2013 年，陕西省慈善协会又联合陕西省慈善文化研究中心、西北大学等共同发起“阳光爱心行动——慈善文化进大学”项目，全省 45 所高校数万名大学生参与校园慈善文化活动。2016 年 3 月，陕西省慈善协会与陕西省教育厅联合召开全省慈善教育工作会议，安排部署全面开展慈善教育与实践活动，推动全省中小学慈善教育全覆盖。陕西省慈善文化教育活动在全国产生较大影响，受到中华慈善总会的充分肯定和社会各界的普遍赞誉，被誉为树德育人的“基因工程”“种子项目”。

四是加强慈善理论研究工作。2011 年 12 月，陕西省慈善协会与西北大学携手成立了陕西省慈善文化研究中心。5 年来，该中心深入开展了慈善理论研究和推广工作，出版了 16 部研究专著，发表了 50 多篇高质量的研究论文，编写了一系列慈善培训教材，在全省各地开办了 40 多期慈善文化大讲堂，主办了 20 多场慈善培训、学术研讨会和专门论坛，举办了多次“慈善高峰论坛”和“慈善公益经验交流会”。《中华人民共和国慈善法》颁布后，该中心迅速组成宣讲团，赴全省各地巡回宣讲。

五是推进陕西省慈善协会网站和信息平台建设。陕西省慈善协会充实了专业人员，在陕西省慈善协会网站全面改版升级的基础上，开通了官方微博、微信和客户端，发布慈善信息 800 多条，突出加强了网站宣传推广、在线捐赠和信息公开功能，提升了陕西省慈善协会数字化管理水平，使慈善工作信息更加公开透明。同时，搭建了慈善网络服务平台，实现了全省三级慈善网站的互联互通①。

三、慈善组织规模不断壮大

健全的慈善组织网络，是搞好慈善工作的组织保证。陕西省慈善协会同各市慈善协会合作，积极推动慈善组织建设。

---

① 陕西省慈善协会：《牢记宗旨 大爱前行》，http://www.sxscsxh.cn/NewsShow/1181/2917.html（2017-01-18）。

一是加强了慈善组织联络工作。加强了对市县慈善协会的业务培训和工作交流，每年都举办全省慈善组织负责人培训和慈善工作经验交流会。针对基层慈善组织遇到的实际困难和问题，陕西省慈善协会积极争取政策支持，努力改善外部环境，加强工作调研和分类指导，推进了省市县联动的慈善组织网络建设。截至 2016 年底，全省 12 个市（区）104 个县（区）成立了慈善协会组织，形成了全省慈善工作合力。

二是发展壮大了慈善志愿服务队伍。2012 年，陕西省慈善协会成立志愿者分会（总队），建立起慈善志愿服务的省级工作平台，提出创建一流队伍、一流活动、一流业绩的目标，使陕西省慈善志愿服务迈入新的发展阶段。截至2016年底，陕西省直属慈善志愿者团队发展到173支、25 000多人。全省慈善志愿服务组织已发展到4149个，慈善志愿者达30.2万人，成为各级慈善组织的重要骨干力量。

三是围绕品牌项目开展志愿服务活动。据不完全统计，2011—2016 年在“三大节日”救助活动中，陕西省直属志愿者团队组织万名慈善志愿者走家入户、贴近服务，先后深入到305个社区、181所小学、133个敬老院和老年公寓、80个残障阳光家园和5个残疾人工厂等700多个活动点，以各种形式开展志愿服务，为 5986 户贫困家庭、9258 名贫困儿童和 8439 位贫困老人送去了温暖。全省有 174 个慈善志愿服务优秀团队、108 名慈善志愿服务先进个人、1097 名星级慈善志愿者和 174 家“一元关爱”爱心店受到陕西省慈善协会表彰。在 2016 年省上表彰的 10 名“慈善楷模”中，就有 4 名是慈善志愿者[①]。

四、善款募集多途径化

陕西省慈善协会协同各市县慈善协会实行专兼结合、项目带动、全员参与的募集模式，积极创新募集工作机制，打造多个募集平台，不断拓宽募集渠道，形成了慈善资源多元化的新格局，保证了善款数额的稳

① 陕西省慈善协会：《牢记宗旨 大爱前行》，http://www.sxscsxh.cn/NewsShow/1181/2917.html（2017-01-18）。

步增长。

一是搭建募集平台，发展冠名基金。拓展了承接购买服务、外联合作、小额基金、理事队伍、慈善实业等多个募集平台，加大劝募力度，截至 2016 年底，爱心企业共在陕西省慈善协会设立慈善冠名基金 49 只，基金总额 14.39 亿元，协议年度可用善款 1.02 亿元。同时，积极探索慈善信托新办法，与 44 家金融机构合作建立 500 万元的“大爱长安·普惠金融专项基金”。

二是开展联合劝募，取得显著成效。2015 年举行全省慈善促进大会，组织省市县慈善会联合开展“联合募集行动”，募集 1.08 亿元，开创了全省慈善系统联合劝募的新格局。2016 年为迎接首个“中华慈善日”，再次发动省市县慈善会联合开展“百日慈善大行动”，实现募捐 2.36 亿元。

三是开拓网络募集，实现可喜突破。陕西省慈善协会利用互联网等新媒体的优势，积极开辟网络慈善和网上捐赠平台等新型募捐方式，实现了募集工作“线下”和“线上”的有机融合，2016 年在网上推介项目 183 个，网募善款 740 多万元，参与网络捐赠人数达 19.8 万人次。

四是建立小额基金，搭建公众平台。陕西省慈善协会设立了“小额冠名基金”和“志愿服务微星基金”，为公众参与慈善和志愿服务团队开展活动提供方便。小额冠名基金已累计捐款 107 万元，志愿服务微星基金累计 200 多万元。

五是拓展外联合作，扩大慈善资源。陕西省慈善协会加强与中华慈善总会和省外、境外慈善组织的联络，积极主动开展合作。五年来，争取到中华慈善总会援助药品价值 14.91 亿元，争取到三星集团、衣恋集团、世界宣明会、宝马集团、万向集团、老牛基金会和澳门吴仕明先生在陕西省实施救灾、助学、助残、关爱儿童、慈安桥等 1.54 亿元的项目资金①。

① 陕西省慈善协会：《牢记宗旨 大爱前行》，http://www.sxscsxh.cn/NewsShow/1181/2917.html（2017-01-18）。

第七章　当代陕西慈善事业建设的若干思路

慈善事业是在平等、自愿基础上的一种社会性无偿互助活动。从内容上看，是社会主义社会保障体系的有机组成部分；从功能上看，有利于推动社会事业的发展和公平正义的实现。大力发展慈善事业，必将能够加快和推进社会主义和谐社会的建设。现代慈善事业的发展需要组织载体、制度保障，同时也需要文化基础。陕西慈善事业建设需要在加强慈善文化教育、完善立法工作、培育慈善组织等方面展开工作。

第一节　培育慈善意识，塑造慈善环境

习近平总书记一直高度重视慈善事业。2006年，他在出席浙江慈善大会时就强调："慈善是社会文明和谐的重要标志，是树立社会主义荣辱观的重要体现，慈善事业是一项全民的事业，要广泛普及慈善文化、弘扬慈善精神、宣传慈善典型，激发社会各界参与慈善事业的热情，在全社会形成人人心怀慈善、人人参与慈善的浓厚氛围，共同为构建社会

主义和谐社会作出应有贡献”[1]。慈善意识作为慈善事业健康发展的第一要素，应该放在第一位加以考虑。

陕西省具有源远流长的慈善文化和悠久的慈善传统，应在此基础上，通过点滴细致的工作来培育大众的慈善意识。慈善是一种博大的胸怀，一种慷慨的表现，一项仁慈的善举，一种文明的体现。它的含义在于只是奉献，不求回报。这种慈善意识的培养和树立、慈善文化的形成需要经历一个过程。因此，在全社会范围内提高慈善意识，形成互帮互助的慈善价值观和慈善文化，必须引起全社会的高度重视并付诸具体实施，只有“各类组织和各界人士积极加入到这一爱心事业中来，人人心怀慈善，人人参与慈善，我们的社会一定会更加文明、更加和谐。”[2]

一、大力弘扬传统的慈善美德

自古以来，中国人民就有着乐善好施、扶贫济困、尊老爱幼、扶弱助残的传统美德，这些传统美德体现了中华民族独特的慈善文化，在中华大地上世代传扬，经久不衰。要大力弘扬传统的慈善美德，加强宣传、教育和示范，逐步使其成为人们的社会道德准则和发自内心的自觉行为。习近平总书记在2007年就提出：“树立慈善意识、参与慈善活动、发展慈善事业，是一种具有广泛群众性的道德实践。无论是个人还是组织，无论是贫穷还是富裕，不管在什么条件下，不管做了多少，只要关心、支持慈善事业，积极参与慈善活动，就开始了道德积累。这种道德积累，不仅有助于提高个人和组织的社会责任感及公众形象，而且也有助于促进整个社会的公平、福利与和谐，有利于增强社会凝聚力和向心力，使社会主义荣辱观在全社会得到更好的弘扬，切实提高全社会的道德水平和文明程度。”[3]我们要大力弘扬和践行经典文化中的慈善

① 周咏南：《齐心协力发展慈善事业同心同德建设和谐社会》，《浙江日报》2006 年 12 月 13 日，第 1 版。

② 习近平：《之江新语》，杭州：浙江人民出版社，2007 年，第 253 页。

③ 习近平：《之江新语》，杭州：浙江人民出版社，2007 年，第 252 页。

观念，同时我国的家风家训也充满了慈善思想。如诸葛亮的《诫子书》、颜之推的《颜氏家训》等，我国古代家风家训具有相互友爱、助人为乐的情怀，“天下之本在国，国之本在家，家之本在身”（《孟子·离娄上》）充分挖掘传统家风家训的慈善思想并进行创造性的发展，对于构建社会主义和谐社会具有非常重要的理论和现实意义。此外，还应该对民间文化中的慈善观念给予重视和挖掘，在民间文化中，民众自古以来所形成的宣扬劝善去恶思想的通俗文化（诸如谚语、歌谣、神话、民间故事等），由于其广泛便捷的流传性，有利于慈善文化在大众之间广为传播。

二、将慈善文化和企业文化相结合

习近平总书记在2007年就指出：“大量事实证明，只有富有爱心的财富才是真正有意义的财富，只有积极承担社会责任的企业才是最有竞争力和生命力的企业。”[①]一个企业要能被社会、市场、公众所认识和认同，关键是它必须要有与众不同之处，这就是它独有的企业文化，企业文化才是推动企业不断向前发展的力量。企业文化是企业在经营活动中形成的经营理念、经营目的、经营方针、价值观念、经营行为、社会责任、经营形象等的总和。是企业个性化的根本体现，它是企业生存、竞争和发展的灵魂。慈善文化的核心是利他主义价值观。弘扬慈善文化所要达到的境界就是要在全社会造成浓郁的“人文关怀”氛围，减少冲突，调和矛盾，使社会呈现一种稳定和谐的状态。企业除了具有经济上的责任之外，更应该具有社会责任感。企业是国家的法定公民，企业有权利也有责任为建设一个和谐稳定的社会做出贡献。所以，企业应“探索与一些慈善机构进行合作，促进企业文化与慈善文化的有机结合，努力开发企业的慈善资源，在实现企业商业目的的同时，树立公益形象。希望通过特定的慈善项目品牌，从企业文化的高度来探求企业发展与慈善事业的结合点。不断提高慈善项目的社会影响、社会效益和社会效

① 习近平：《之江新语》，杭州：浙江人民出版社，2007年，第251页。

果，使之成为真正过硬的慈善品牌项目。”[①]企业的成功得益于企业的核心竞争力，而这种竞争力离开了质量和品牌也是不可想象的。慈善文化应该积极地融入到企业文化中去，在慈善机构和企业之间建立平等合作的“伙伴关系”，强化服务意识，努力为企业参加慈善事业创造各种有利的条件，积极倡导“公益营销”，利用“公益”平台，推动企业品牌的发展。通过这种文化间的结合，培育企业的慈善意识和社会责任感。

三、加大慈善宣传力度

宣传工作是慈善事业的一个重要组成部分，是推动和促进慈善事业发展壮大的“软实力”。当前，整个社会对慈善事业的关注程度不高，有的老百姓对慈善事业不了解，甚至还存在一些顾虑，不知道什么是慈善，不知道为什么做慈善，不知道怎么做慈善。这些问题的存在都与慈善宣传工作力度不大、宣传不到位有关。因此，发展现代慈善事业，要在“携手慈善、共创和谐”的主旋律指导下，采取有效措施加大宣传力度，培育慈善文化，营造慈善氛围。要善于抓典型，“榜样的力量是无穷的。善于抓典型，让典型引路和发挥示范作用，历来是我们党重要的工作方法。”[②]

加大慈善宣传力度，首先要搭建慈善宣传工作平台，利用现代多媒体形式多方面宣传慈善活动。要通过宣传改变我们的慈善道德观，嘉实传媒总裁封钢在接受新浪网访谈时，针对国内目前的慈善状况指出：“慈善事业做大做强，除了要传媒力量的全力配合、慈善机构的透明诚信外，最重要的就是要改变我们的慈善道德观，做好事就一定要留名，就一定要给予极高的社会荣誉，只有这样中国的慈善事业才能走入一个良性循环中。”在西方国家，他们的相关方法称为公益营销。福特汽车每年都要投资100万美元搞环保，比尔·盖茨等富豪也

① 聂乔：《慈善是企业文化的重要部分》，《大连日报》2007年10月17日，第6版。
② 习近平：《之江新语》，杭州：浙江人民出版社，2007年，第212页。

纷纷捐献自己的财产用于慈善事业。这种投资的背后，使这些公司产品得到进一步推广。国内的慈善事业如果需要做大，就不能被传统的慈善道德捆住手脚而拒绝公益营销。从企业角度出发进行规划，为企业的捐款负责，才能调动企业的积极性。传媒对于公益事业必须起到推广和扩大的作用，在公益营销当中，扮演摇旗呐喊者和企业与公益组织之间的牵线人。慈善事业关键在于形成规模，需要大量的资金投入和广泛的人力资源参与，企业无疑是最重要的角色之一。传媒对慈善事业和捐助企业的宣传，就是对捐助资金的负责，对公众和社会的负责。真正建立起企业、公益组织、媒体三方有效的合作，我国的慈善事业才能得到更好发展[①]。

第二节　明确政府职能定位，完善法律法规体系

慈善事业是社会保障的非营利性补充事业，是实现社会公平和社会资源重组的重要手段。目前我国正处于经济社会高速发展转型时期，在经济社会取得进步的同时，明确我国政府在慈善事业中的职能定位具有重要的理论价值和现实意义。慈善政策、法规是发展慈善事业的根本保证和生命线，应在完善政策法规的基础上健全慈善监督体系。

一、明确政府定位

政府职能也被称作行政职能，影响着国家行政管理活动的方向。行政职能就是行政管理主体依法行使行政权力，对国家事务、公共事务和机关内部事务进行管理时所发挥体现出的职责，简单来说就是政府“管什么、怎么管”的问题[②]。政府的基本职能是从政府在国家社会

① 秦涛：《改变传统慈善道德观，做大做强公益事业》，《科技日报》2006年8月16日，第5版。
② 夏书章：《行政管理学》，中山大学出版社，2003年，第89—91页。

生活的作用范围和活动领域来划分的，主要为政治、经济、文化和社会服务四大部分政治职能。政府的社会服务职能主要包括：社会救济、社会保险、公共建设和管理、人口管理等内容。改革开放以前，由于意识形态的原因，全社会对慈善事业的发展存在一种偏见，导致我国慈善事业的发展历程中社会参与因素不足，国家力量全面取代慈善组织。改革开放后，随着对慈善事业认识的变化，民间慈善机构主体地位日渐突出。党的十九大报告进一步指出："转变政府职能，深化简政放权，创新监管方式，增强政府公信力和执行力，建设人民满意的服务型政府。"①这为新时代慈善事业发展明确政府定位指明了方向。

慈善原本是作为民间出于对弱者的爱和同情心的基本道德情感，取决于捐献者的个人意愿和人道主义动机和他人的善，是排除功利、出于责任的行为，政府要转变职能，成为慈善事业的引导者、支持者、监督者。首先，政府要大力培育民间慈善组织的发展，并给予财政上的支持。其次，制定相关的政策法规强化民间慈善组织的主体地位，在对民间慈善组织的管理中，要注重从这些组织的"管""控"转向"放"和"促"，充分体现民间慈善组织的本质特征。

1. 实施直接登记制度

重塑慈善事业发展过程中的政府职能，允许慈善组织直接向登记机关申请登记，同时简化业务主管单位的审查程序。目前，我国已有部分地区开始探索慈善组织直接登记制度，对慈善组织登记管理的改革已经是大势所趋。如"2013年，山东省政府取消了业务主管部门和登记机关的双重管理制度，允许其直接登记，极大地促进了慈善组织的发展。"②未来慈善组织在领取"出生证"方面，将面临更好的制度环境。在此基础上，明确慈善机构的独立法人地位，让慈善组织真正独立承担起民事责

① 习近平：《决胜全面建成小康社会 夺取新时代中国特色社会主义伟大胜利——在中国共产党第十九次全国代表大会上的报告》，北京：人民出版社，2017年，第39页。

② 唐红，陈玉波：《山东省慈善事业发展的法律问题研究》，《人民论坛》2016年第6期。

任，大力培育发展民间慈善组织。

2. 提高免税额度，简化免税程序

针对陕西省目前免税优惠的额度偏低，程序烦琐等问题，可以提高免税额度，简化免税程序，有利于促进企业、个人积极进行慈善捐款。可以考虑企业或个人捐赠在缴纳企业所得税和个人所得税前全额扣除；研究考虑开征遗产税、赠与税乃至特别消费税，鼓励企业和个人积极参与慈善公益事业，扩大捐赠资金量；简化免税申请程序，当前繁复的免税申请也在一定程度上影响到了公众尤其是企业的慈善活动参与热情，应当对参与慈善活动的免税申请程序进行简化。

二、完善慈善事业的监督体制

慈善事业的公益性和透明性是慈善事业发展的关键，而强有力的监督体制是慈善事业的公益性和透明性的基本保障。正因为如此，我国政府在《慈善事业发展指导纲要（2011—2015）》中明确提出要"完善慈善事业监督体系""逐步形成对慈善基金从募集、运作到使用效果的全过程监管机制"①。

（1）健全慈善募捐监督体制，提升慈善事业的认同度，在募捐活动中，募捐人、捐款人和受益人构成了三方主体关系，因此，有必要对这三方主体进行行为规范，使其能够积极主动地、合理有序地参与慈善实践。首先，建立募捐人准入监督制度，《中华人民共和国慈善法》明确规定："依法登记满两年的慈善组织，可以向其登记的民政部门申请公开募捐资格。""法律、行政法规规定自登记之日起可以公开募捐的基金会和社会团体，由民政部门直接发给公开募捐资格证书。""不具有公开募集资格的组织或者个人基于慈善目的，可以与具有公开募捐资格的慈善组织合作，由该慈善组织开展公开募捐并管理募得款

① 民政部：《中国慈善事业发展指导纲要（2011—2015 年）》，http://www.mca.gov.cn/article/zwgk/mzyw/201107/20110700167556.shtml（2011-07-15）。

物。”[①]根据不同募捐主体的特点和情形，我们可以分别设计自然人准入监督机制、慈善组织准入监督机制及慈善组织以外的其他组织准入监督体制。其次，建立捐赠人义务监督制度，即捐赠人在做出捐赠行为或表达捐赠意思之后就构成了具有法律效力的承诺，如何要求捐赠人兑现承诺的制度规范，以此规范捐赠人的捐赠行为，防止出现捐赠人“诺而不捐”“多说少捐”“拖延捐赠”等行为，要将其纳入社会信用体系，降低其信用资质。最后，建立受益人义务监督制度，由于缺少监督，现实生活中有许多受益人接受善款后随意支配，并没有按照约定用途使用资金，因此不仅要对募捐人、捐款人形成监督体制，对受益人同样要建立义务监督制度。

（2）建立慈善运行监督体制，增强慈善事业的透明度和诚信度。在慈善事业的运行过程中，健全的信息公开透明制度、业务年审制度及义务监督制度和人民群众监督制度，可以为慈善事业提供牢固的防腐线，确保慈善事业的透明度和诚信度的提升。

首先，健全信息的公开透明制度，让慈善事业在阳光下进行。“通过整理公众最希望了解慈善组织哪三方面信息，并与去年数据进行对比，我们发现，2014 年公众最希望了解的是‘资金去向与使用状况’，其次，‘善款来源’这两项的排名与 2013 年一致。”[②]2014 年度我国慈善透明指数为 44.10（总分为 100）[③]。所以，要建立完整的能及时发布慈善数据和定期发布慈善事业发展报告的慈善信息公开平台，将一些重要的信息如善款数额、善款的运转和善款的流向做出明确的公示，信息公开平台建设要体现全方位性质。并强化内部监督，完善慈善组织内部治理机制，保证信息公开的真实性。再次，健全慈善行业业务审查制度。事实上，捐款人、慈善组织、受益人三方主体都不享有完整的所有权，致使对慈善事业缺乏明确的监督主体，这就迫切需要审查监督平台

① 《中华人民共和国慈善法》，http://www.mca.gov.cn/article/gk/fg/shflhcssy/201603/20160315881497.shtml（2016-03-21）。

② 王选辉：《2014 年度中国慈善透明报告：红会透明指数下降》，http//news.youth.cn/gn/201409/t20140919_5760005.htm（2014-09-19）。

③ 舒迪：《公众对慈善透明满意度在提高》，《人民政协报》2014 年 9 月 23 日，第 9 版。

对慈善组织的运作进行有效约束。最后，健全舆论监督与人民群众监督制度。健全舆论监督与人民群众监督制度是健全我国慈善事业监督体制的重要一环，是慈善组织主动接受监督意识增强的表现，也是政府密切联系群众工作的体现。因此，慈善组织要保障公众对慈善组织的有效监督，建立健全舆论监督和人民群众监督制度是我国慈善事业发展实践中迫切需要解决的重要问题。

（3）健全慈善组织评估监制体制，提高慈善事业的效能度。“加强慈善组织监管的一个成功的突破口和切入点就是要建立一套完整的、合理的、有效的评估机制。[①]”首先，健全慈善组织评估主体制度，慈善组织的评估主体一般包括政府、受益人、捐赠人、第三方等，健全第三方评估机构组织制度，并向社会公布评估结果。其次，健全慈善组织的行业准入、等级评估与行业淘汰制度，降低慈善组织的准入门槛，设立比较灵活度的准入审查标准，针对不同规模的慈善组织实行不同的准入制度。

三、完善慈善法律法规

慈善事业的发展是我国经济社会发展到一定阶段的必然要求，也是新时代社会保障制度的重要组成部分。从法律的视角对慈善事业的发展进行研究，针对慈善事业发展中出现的问题，有针对性地提出法律应对策略，是依法治国、法治中国建设的内在要求。如何在法律的保障下，更好地实践“政府引导、社会参与、各方协作”的公益慈善新格局，有序推动公益慈善事业健康发展，是一项复杂的课题。

2016年9月1日，《中华人民共和国慈善法》的颁布实施，构建了慈善行业整体制度框架。随着“中国特色社会主义进入新时代，我国社会主要矛盾已经转化为人民日益增长的美好生活需要和不平衡不充分的发展之间的矛盾。”[②]慈善事业的健康发展，还需要各地区结合本地经

① 孙萍，吕志娟：《慈善事业发展中的政府角色定位》，《中州学刊》2006年第2期。

②习近平：《决胜全面建成小康社会　夺取新时代中国特色社会主义伟大胜利——在中国共产党第十九次全国代表大会上的报告》，北京：人民出版社，2017年，第39页。

济社会发展的实际，制定适合本地区的法规方可有序推进。在新时代背景下，陕西慈善事业的健康发展既要立足本省经济社会发展的现状，又要解放思想、开创性地吸收和借鉴国内外先进的理念和制度。从法律的角度来考察陕西省慈善事业的发展，更要严格界定、准确区分法律在慈善事业发展不同方面所应该发挥的作用及角色定位，促进和保障陕西慈善事业的健康发展。比如，《中华人民共和国慈善法》没有明确规定慈善组织申请登记、变更的具体程序。由此，陕西省应该针对陕西省社会组织发展的现状，特别是在民办非企业单位向社会服务机构转化方面，细化具体程序和条件，为陕西省社会服务机构的健康发展提供明确的法规依据。还有，慈善事业的发展需要金融、行政等机构的支持和保障。因此，明确法律法规的具体规定，保障各职能部门协调落实法律、法规对于各基金会、企业、个人慈善活动的鼓励、引导作用，提升慈善税收减免政策的可操作性，保障捐款人向慈善组织捐赠实物、有价证券、股权和知识产权免征权利转让的相关行政事业性费用的政策，加强政策执行的可操作性和灵活性[①]。

第三节　壮大慈善组织队伍，提高慈善组织公信力

慈善组织是慈善事业发展的核心载体和主要力量，是一种有益于人类社会的公益组织，是由热心慈善事业的公民个人和其他社会民间团体组成的旨在缓解贫困、救残扶弱、救助灾害和为困难群众提供精神支持，不以营利为目、不求回报、无私奉献的社会组织，是政府主导下的社会保障体系的重要组成部分。慈善组织实施的一系列慈善活动可以缩小我国地方性的贫富差距，更重要的是可以弘扬社会主义核心价值观，用中华民族的优秀传统感染每一个人，从而增强中华民族的团结与融合，增强国家与社会的凝聚力。慈善组织的生存和发展取决于政府和公

① 唐红，陈玉波：《山东省慈善事业发展的法律问题研究》，《人民论坛》2016 年第 6 期。

众的认可和支持，公信力是慈善组织赢得公众信任和认可的能力。慈善组织的公信力决定了慈善组织的发展程度。慈善公信力是指公众在进行慈善活动和公众认同的过程中影响慈善组织的能力。这也是公众对慈善机构的普遍认可。慈善组织的公信力反映了慈善组织对社会的影响。

一、加强慈善组织自身建设

在慈善组织得到独立的运营主体地位之后，应该加强慈善组织自身的管理和建设。因为我们关注的不只是慈善组织数量的增加，更要关注这些组织的质量，保证慈善事业运营主体的健康发展。公益慈善领域需要区别高端管理人才与普通公益从业者，建立公益慈善领域畅通的人才流入和流出机制是促进公益慈善有序发展的基本要求。在慈善组织人力资源管理方面，慈善组织要不断地健全组织体系，调整和充实人员，逐步建立起合理有序的人才队伍。第一个层面是领导层，主要由理事会的理事、常务理事、秘书长及会长组成。其成员应该是社会上有影响、有实力、有活动能力的热心人士，全面负责慈善机构的经营，包括慈善组织自愿地筹集资金、慈善资产的投资及机构本身的管理运转，并承担相应的法律责任，从而保证慈善组织严格按照有关法律行事。第二个层面是专业的员工队伍，这支队伍负责执行理事会的运营工作计划，是理事会决议的具体执行者，是整个慈善组织正常运转的主力，应该通过有关的优惠措施吸引高学历、高素质的专业人才加入，优化整个慈善组织工作人员的组织结构和知识构成。第三个层面就是要建立起一个覆盖面广、高效、灵活而又稳定的志愿者网络体系，由一批各有专长的志愿者构成，充分地利用慈善事业潜在服务人群的数量优势，在陕西省将志愿者制度推广并上升到一个新的高度。这三个层级的慈善组织从业服务人员互相协作，处于一个流程化作业的循环圈中，使得慈善组织能够高效的运作。自 2012 年陕西省慈善协会成立志愿者分会（总队），建立起慈善志愿服务的省级工作平台，提出创建一流队伍、一流活动、一流业绩的目标，陕西省慈善志愿服务迈入新的发展阶段。至 2016 年底，陕西省直属慈善志愿者团队发展到 173 支、25 000 多人。全省慈善志愿服务组织已发展到 4149 个，慈善志愿者达 30.2 万人，成为各级慈善组织重要的骨干力量①。

此外，还需要进一步提升慈善组织的综合能力。第一，慈善组织应当致力于提高内部组织能力和管理水平，明确各个部门的职责并合理分工，制定详细的内部规章制度。第二，提升慈善组织的专业化水平。慈善组织应该招聘大量高素质专业性强的工作人员，并逐渐缩减政府人员担任内部岗位的数量，加强团队建设。第三，提升慈善组织筹集资金的能力。要不断创新资金筹集的方式，定期组织专门的慈善活动进行资金募捐，充分利用网络等技术拓宽捐赠途径以筹集到更多的慈善基金，向社会提供更广泛的慈善服务，更好地实现其公益目标。第四，加强不同慈善组织之间的协作能力。慈善组织之间应该紧密合作，彼此之间加强沟通与交流，取长补短，结合自身发展特点，不断优化资源配置，促进慈善组织之间的稳定合作②。

目前陕西省将进一步创新服务，加强组织联络，发展壮大慈善志愿者队伍。一是加强基层慈善组织建设。切实做好对市县慈善组织的服务、交流和业务指导，推动慈善组织向乡镇、街道、社区延伸，不断巩固完善覆盖全省的慈善组织网络，凝聚合力推动慈善事业发展。二是着力发展壮大慈善志愿者队伍。健全志愿服务体系，推动更多的机关、企事业单位和社区成立慈善志愿服务组织。不断加强慈善志愿者队伍建设，推进志愿服务“创星争优”。继续以创新发展为动力，拓展服务领域，推动慈善志愿服务活动健康发展③。

二、提高慈善组织公信力，建立透明化运作机制

美国卡耐基基金会前主席卢塞尔指出：“慈善事业要有玻璃做的口

---

① 《牢记宗旨 大爱前行》，http://www.sxscsxh.cn/NewsShow/1181/2917.html（2017-01-18）。

② 杨程程：《我国慈善事业发展中存在的问题及对策研究》，长春：东北师范大学硕士学位论文，2015 年，第 26 页。

③ 《牢记宗旨 大爱前行》，http://www.sxscsxh.cn/NewsShow/1181/2917.html（2017-01-18）。

袋”。因此，慈善组织需要通过各种媒体定期向有关部门和公众详细公开其经费收支情况，实行财务的规范、公开和透明管理。只有当公众看到或了解到自己捐献的钱物最终用在帮扶困难群众的身上，慈善组织才会得到公众的信任，从而进一步得到公众的支持。为了促进陕西省慈善事业的发展，最重要的就是要努力提高慈善组织的公信力，使公众信任慈善组织，能够放心地把钱物交给慈善组织。为了提高慈善组织公信力，需要做好以下几个方面。

首先，构建合理的组织结构。科学合理地配置慈善组织内部的决策权、执行权和监督权，使决策权、执行权和监督权三者之间既相互制约又相互协调。一般来说由慈善组织的理事会行使决策权，理事会的决策关乎慈善组织的自身发展，既要保证科学民主又要注重效率，执行委员会行使执行权，将理事会决策的事项转化为实际的工作，监事会、内部审计等部门共同行使监督权，我国目前慈善组织的内部机构及其职能建设还很不完善，因此明确各部门职责，合理运用决策权、执行权、监督权有利于慈善组织形成科学合理的组织结构和高效的运行机制，做到分工明确，权责清晰，从而改善慈善组织的效能，提高其社会公信力。

其次，提高慈善组织自身的透明度。近年来慈善不良事件的发生，加深了人们对慈善资金使用的担忧，因此完善慈善事业的信息公开制度迫在眉睫。慈善组织应建立一套规范的信息公开标准，保证信息公开的质量。及时把慈善组织的财务收支、慈善项目运作、资金管理等真实信息向社会公开，使社会公众全面了解到慈善组织的运营状况，让慈善组织接受来自全社会的审查监督。慈善组织的公信力是建立在“透明的玻璃口袋”之上的，只有提升自身透明度，才能赢得社会公众的信赖与支持。

最后，构建慈善组织的内部监督机制。完善慈善组织的内部监督机制是改善公信力薄弱的有效途径之一，慈善组织内部可以设立监督委员会，定期召开会议，向全体人员汇报慈善组织的运作情况及资金使用状况，随时对组织内部进行询问和审查。内部监督机制有利于慈善组织对自身的发展情况做出科学公正的评价，进一步保证慈善组织运营的规范性和合理性。监督机制的构建有效地避免了不正当行为的发生，提高了慈善组织的运作效率及慈善资金的利用率，增强了公众对慈善事业的信赖程度[①]。

① 杨程程：《我国慈善事业发展中存在的问题及对策研究》，长春：东北师范大学硕士学位论文，2015 年，第 27 页。

第八章　当代大学生慈善文化培育的现状及存在的问题

慈善文化是当代大学校园文化建设的重要组成部分，良好的大学慈善文化有利于当代大学生积极自我意识和乐观人生态度的形成，也有利于稳定有序的校园环境的构建和未来社会有序和谐发展。当代大学慈善文化既包含着人类慈善文化的共同意蕴，又具有其本身特殊的意义。

第一节　调查研究的范围和采用的方法

一、调查问卷基本情况

任何的科学研究，要想得到客观确切的答案，就必须理论联系实际进行深入的调查和研究。为了进一步弄清目前我国大学生慈善文化发展的现状，我们结合所研究的内容和方向，制定了相关调查问卷。大学生慈善文化培育的调查问卷选取西北师范大学、西北农林科技大学、西安邮电大学、西安理工大学、宝鸡文理学院五所具有代表性高校的全日制在校生（含硕士生）为调查对象，调查问卷分为纸质卷和电子卷，均采用调查者自填的方法。共发放问卷调查 600 份，回收 596 份，回收率为 99%；通过粗略筛选统计，共回收有效问卷 590 份，有效问卷率为 98%。调查问卷采用 SPSS18.0（statistical package for the social science，简称 SPSS）软件进行数据的整理、分析和统计，运用描述性统计、相关性分析、抽样调查及综合评估等方法来对大学生慈善文化培育的影响因素进行统计分析。

二、调查问卷的结构

在顾明远主编的《教育大辞典》中，教育主体指教育者，主要是教师，教育主体“指有意识地认识和作用于教育客体的人”。教育客体指教育的对象，即受教育者。教育客体有自己的身心发展规律和个性特点，对教育主体的活动有制约作用。[①]本次调查问卷根据慈善文化的含义、特点和内容，依据教育主客体关系，确定大学生慈善文化的慈善主体（学校、教师）和慈善客体（大学生）研究模型（图 8-1），在总结当代大学生慈善意识和慈善文化培育所存在的问题的基础上进行设计，力图通过问卷中问题的设计全面了解当代大学生慈善意识的现状和大学生慈善文化培育所面临的问题，以求提出更加全面的解决方法和途径。该问卷设计主要包括两个部分，一是基本信息。二是慈善与慈善文化。基本信息包括性别、专业、家庭所在地、生活费来源以及月生活费，主要了解被调查者本人的自然情况。第二部分为问卷正文，内容包括被调查大学生对慈善的认知程度，被调查大学生对慈善捐赠的认知程度，被调查大学生对学校开展慈善活动的认识，被调查大学生对慈善文化的认知程度。

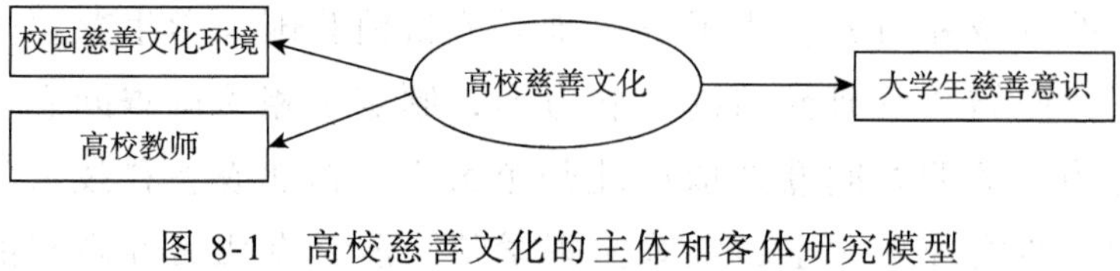

图 8-1　高校慈善文化的主体和客体研究模型

① 顾明远：《教育大辞典》，上海：上海教育出版社，1998 年，第 19 页。

三、调查问卷的技术方法

问卷结构为自填式问卷，问卷事先已设计好问题及问题的可能性答案，被调查者只能从被选答案中选取一个或几个答案，其结果具有较高统一性和客观性，可以更加详细的了解当今大学生对慈善、慈善文化、慈善文化教育的看法，从侧面为本书的研究提供一定的参考价值和借鉴意义。选择题的数据统计采用常用的统计软件 Spss18.0。这次调研共发放问卷调查600份，有效回收问卷590份，样本分析如表8-1所示。

表8-1　被调查大学生的样本分析

项目	分类	人数（个）	所占比例（%）
月生活费	1500元以上	28	4.7
	1000—1500元	126	21.4
	600—1000元	354	60
	600元以下	82	13.9
生活费来源	打工兼职	32	5.4
	奖学金、助学金	84	14.2
	家庭及亲属	437	74.1
	其他	37	6.3
专业	经管类	46	7.8
	理工科	324	54.9
	文科	199	33.7
	艺术类	21	3.6
家庭所在地	农村	304	51.5
	城市	286	48.5
性别	女	334	56.6
	男	256	43.4

第二节　当代大学生慈善意识及慈善文化培育现状

一、大学生慈善意识现状

1. 关于大学生对慈善认知程度的调查

关于大学生对慈善认知程度方面的调查，问卷涉及了对慈善的关注情况、对慈善组织的了解，对慈善主体的认识，对慈善意义的认同和了解慈善的渠道这五个方面的情况（表 8-2）。这是调查大学生对慈善认知的最基本问题。

表 8-2　被调查大学生对慈善的认知程度

项目	分类	人数（个）	所占比例（%）
了解慈善的渠道	慈善组织	33	5.6
	电视、广播	483	81.8
	学校	54	9.2
	其他	20	3.4
慈善的参与主体	富裕人士	49	8.3
	社会团体	116	19.7
	企业	65	11
	政府	45	7.6
	全体公民	315	53.4
是否关注慈善	视情况而定	51	8.8
	不关注	46	7.8
	偶尔关注	420	71.1
	经常关注	73	12.3

调查显示，在被问及“是否经常关注慈善”，71.1%的大学生表示“偶尔关注”，只有 12.3%的大学生表示“经常关注”，这说明大学生对慈善并不十分关心。在对慈善组织的了解方面，大学生知道“红十字会”“希望工程”“嫣然天使基金”“阳光工程”“慈善一日捐”等，

但对于“壹基金”“春蕾计划”“微笑列车”“慈善雨水积蓄工程”等慈善组织都不了解，超过一半的学生不知道“中华慈善总会”。对于慈善的参与主体，只有53.4%的大学生认可是“全体公民”，近一半的大学生认为慈善的参与主体为“政府”“企业”“社会团体”“富裕人士”。这说明大学生对现代慈善的理论并不了解，认识比较狭隘，而且还有少部分学生并不认可慈善能够促进社会公平，缓和社会矛盾。

2. 关于大学生对慈善捐赠的调查

关于大学生对慈善捐赠的调查，问卷调查了捐赠意愿、参与慈善方式、捐赠动机三个方面的情况（表8-3）。

表8-3　被调查大学生对慈善捐赠的认知程度

项目	分类	人数（个）	所占比例（%）
捐款意愿	力所能及	79	13.4
	比较愿意	403	68.3
	非常愿意	108	18.3
参与慈善方式	义务捐血	108	18.3
	为病重同学捐款	138	23.4
	为灾区、希望工程捐款	245	41.5
	义工、志愿服务	99	16.8
捐款动机	同情心	279	47.3
	外界压力	29	4.9
	从众心里	34	5.8
	社会责任感	248	42

调查显示，对于捐赠的动机，基于社会责任感的比例为42%，基于同情心的为47.3%，这说明大学生捐赠的主要动机是一种自发的爱心及社会责任感的表现。大学生参与慈善的主要方式为捐赠——捐款或捐物，还有义务捐血，所占比例为83.2%，大学生参与义工、志愿服务的比例占16.8%。在捐赠意愿方面，大学生表示力所能及的比例为13.4%，比较愿意参与捐赠的比例为68%。调查结果表明大学生作为一个特殊群体，有爱心，具有强烈的社会责任意识和奉献精神，愿意帮助他人和服务社会。

二、大学生慈善文化培育现状

1. 关于大学生对学校开展慈善培育的认识

关于大学生对学校开展慈善文化培育的认识，问卷调查了是否接受过学校的慈善教育，学校是否有必要组织慈善活动，对学校的慈善活动是否满意三个方面的情况。

调查显示，40.3%的大学生表示从来没有接受过学校的慈善教育，52.7%的大学生表示偶尔接受过学校的慈善教育，与此对应，39.3%的大学生表示对学校的慈善活动“不满意”，34.7%的大学生表示对学校的慈善活动“基本满意”，这说明目前学校的慈善文化培育相当欠缺。对于学校是否有必要组织慈善活动这个问题，90%以上的大学生都认为“有必要”（表 8-4）。这说明大学生对于学校开展的慈善文化培育以及相应的慈善活动寄予很大的期望。

表 8-4　被调查大学生对学校开展慈善活动的认知程度

项目	分类	人数（个）	所占比例（%）
是否接受过学校的慈善教育	偶尔有	311	52.7
	从来没有	238	40.3
	经常有	41	7
学校是否有必要组织慈善活动	必要	262	44.4
	很有必要	323	54.8
	没必要	5	0.8
对学校的慈善活动对否满意	基本满意	205	34.7
	不满意	232	39.3
	不清楚	153	26

2. 被调查大学生对慈善文化的认知程度

关于大学生对慈善文化的认知程度，调查问卷（多项选择题）涉及了对慈善精神的认识、对志愿者精神的认识、学校开展慈善文化培育的影响及学校开展慈善文化培育的内容四个方面的情况（表 8-5）。对慈善精神认知的五个方面中，66.1%的大学生选择“博爱”，58.5%的大学生选择“公民意识”，而仅有 27.6%的大学生选择“利他”，而利他就是对他人的幸福给予理解和支持的价值观，在市民社会传统悠久的国家，“利他主义”已是一种常识甚至义务。对志愿者精神的认知，65.1%的大学生选择“社会责任意识”，60.3%的大学生选择“关怀意识”，48.3%的大学生选择“参与意识”。学校开展慈善文化培育的影响，72.2%的大学生选择“提高社会责任感”，65.4%的大学生选择“学会关爱他人”，61.7%的大学生选择“学会感恩”。学校开展慈善文化培育的内容，71.7%的大学生选择“组织慈善活动”，而仅有35.4%的大学生选择“介绍慈善理念”。

表 8-5　被调查大学生对慈善文化的认知程度

项目	分类	人数（个）	所占比例（%）
对慈善精神的认识	博爱	390	66.1
	利他	163	27.6
	公民意识	345	58.5
	平等	283	48
	正确的财富观	236	40
对志愿者精神的认识	社会责任意识	384	65.1
	关怀意识	356	60.3
	参与意识	285	48.3
学校开展慈善文化培育的影响	提高社会责任感	426	72.2
	学会关爱他人	386	65.4
	学会感恩	364	61.7
	实践利他精神	102	17.3
学校开展慈善文化培育的内容	组织慈善活动	423	71.7
	开展慈善课程	254	43
	介绍慈善理念	209	35.4
	学习慈善法规	276	46.8

第三节　大学生慈善文化培育存在的问题

随着经济发展和慈善环境的日益改善，整个社会为高校慈善文化培育提供了必备的物质基础，也拓展了相应的文化发展空间，贫富差距的拉大及其他社会矛盾的出现也对高校慈善文化培育提出了更高的要求。目前，我国公民的慈善意识不强，慈善理念普遍缺失，作为接受高等教育的大学生群体和祖国未来的中坚力量，其慈善意识现状已成为社会关注的热点。加强大学生慈善意识培养不仅有利于大学生个人思想道德素质的提升和自我价值的实现，而且可以为构建社会主义和谐社会和促进慈善事业的可持续发展提供动力。我国有很多高校通过救灾捐款、扶困捐助、资助贫困大学生和开展志愿服务等活动，对大学生慈善文化培育产生了一定的影响。但是，总体上看还处在不够自觉、不够突出、不成规模、不很专业的状态。具体来说，主要存在以下几个问题。

一、大学生的慈善意识淡薄

从上述调查问卷可以看出，大学生缺乏对慈善文化和慈善知识的理解、把握和正确认识。一部分学生对慈善理论知识、慈善政策法规、慈善组织和志愿服务、义工服务知之甚少。对慈善参与主体认识不清，46.6%的大学生认为慈善的参与主体为政府、企业、社会团体或者富裕人士。部分大学生认为慈善与自己无关，社会救助是国家和政府的职责，或者认为慈善捐赠是富裕人士应该做的义务和责任，这些都表明大学生对现代慈善的内涵认识不清，对慈善的理解比较片面，把慈善等同于捐钱捐物，对志愿服务和公益事业并不十分了解。据问卷调查，我们可以得出以下结论：（1）从慈善文化培育内容的调查来看，71.7%的大学生希望学校通过组织慈善实践活动来进行慈善教育，只有 43%的大学生选择通过课堂专业教学的方式来开展慈善教育。（2）从慈善的参与主体来看，只有 53.4%的大学生认可是“全体公民”。（3）从慈善捐赠方式来看，在校大学生慈善捐赠方式主要是捐款和义务献血，所占比例达 83.2%，义工、志愿服务为 16.8%。（4）从捐赠意愿的调查来看，86.6%的大学生愿意参与慈善捐赠。（5）从捐赠动机来看，47.3%的大学生表示基于同情心，也有部分大学生基于外界压力或屈于从众心理。从调查结果分析可以看出我国大学生对慈善文化内涵的了解不够深入，由于缺少必要的慈善知识和判断力，慈善价值观不明确，大学生面对慈善公益活动缺乏自主能力，在“慈善行政强制”和“慈善道德绑架”的名义下盲目跟从别人，大学生慈善意识依然停留在一个比较浅薄的层面，慈善意识欠缺，捐赠意愿和捐赠行为不强烈。一方面大学生慈善参与热情很高；另一方面大学生对校园慈善公益活动关注度和参与度都偏低，这说明大学生作为接受高等教育的学生群体具有较高的道德修养水平，但如何将“善心”转化为“善举”，如何将大学生的慈善意愿转化为慈善实践，都需要慈善文化的培育和影响。

二、高校在慈善文化培育上相对缺位

目前重视慈善文化建设的高校较少且地区分布不均，开展慈善文化培育的高校主要集中经济发达的东部地区。比如在上海地区的一些高校，如华东师范大学首建大学慈善爱心屋，并以慈善文化为主题举办了一系列活动；东南大学把慈善爱心屋和学校勤工助学活动结合，把学校打造成慈善育人基地；复旦大学已成功举办多届慈善文化周；上海大学成功举办了大学生慈善文化节。[①]2013年陕西省慈善协会联合西北大学、西安交通大学、长安大学等18所高校，联合发起的“阳光爱心行动——慈善文化进大学”活动[②]。与一些高校相比，中小学慈善文化培育却相对较好，出现了规模化的试点。如2011年11月8日，中华慈善总会举行“慈善文化进校园”捐赠暨启动仪式，选取了四川、甘肃、青海等省市作为试点；2012年1月11日，在“慈善进课堂爱心进校园”活动中，大连市被选作首批试点城市，并在沙河口区、甘井子区等中小学发放《慈善读本》；2012年3月29日，又在天津市选取了河西区海河中学、南区南开中学、红桥区雷锋小学、宝坻区尔王庄镇程泗淀中心小学、蓟县出头岭镇闻马庄中心小学共5所中小学校作为试点。[③]2016

① 蓝春娣：《关于高校慈善文化培育的思考》，《柳州职业技术学院学报》2013年第6期。

② 《陕西省“阳光爱心行动 慈善文化进大学”活动启动仪式举行》，http://www.snedu.gov.cn/jynews/jyyw/201311/13/38302.html（2013-11-13）。

③ 蓝春娣：《关于高校慈善文化培育的思考》，《柳州职业技术学院学报》2013年第6期。

年8月30日下午，“携手公益·逐梦青春”陕西省青少年优秀公益项目推介活动在长安大学渭水校区长安文化艺术中心大礼堂举行。目前高校的慈善文化培育主要倾向德育教育，即思想政治教育色彩浓厚，比较欠缺慈善意识和慈善理念的专业教育。学校慈善文化培育的教学体系还不太完善，还停留在活动、报告、会议等不定期、不系统、不规范的自发状态。这说明我们的高校慈善文化培育的系统性和常规性还不够，以“运动式”教育为主。大部分学校没有专门的志愿服务指导部门，慈善文化活动只能依靠单个的志愿组织针对某一个主题开展一些小型活动，参与人数少，影响力也小。志愿组织的成员也很少有机会能接受慈善文化方面的专业培训，个别大学生参与慈善活动只是为了评优，出现目的不纯的现象，导致某些学生产生对慈善的不信任，这就违背了高校慈善文化培育的初衷。

三、高校慈善文化培育体系不健全

我国高校慈善文化培育还没有纳入正规的专业教育体系，仍处在“报告”“会议”“讲座”的单一模式，处于不定期、不系统、不规范的自发阶段，缺乏长期规划，方式单一，层次低。[①]没有专门教材，缺乏独立、完整的慈善学科，没有专门的慈善课程，没有专业的慈善文化研究方向，也缺少专业的慈善教师队伍，这直接阻碍了高校慈善事业的发展，这种状况充分反映出我国慈善文化培育的薄弱和缺失。学校缺乏科学合理的慈善文化培育体系，不仅直接影响学生对慈善知识的把握和慈善意识的养成，一定程度上延缓了我国慈善事业的发展。近年来，随着慈善知识的进一步普及，学校的慈善文化培育也随之发展。通过义卖和义务支教等实践活动，去帮助偏远山区的孩子，关心社会上的弱势群体。虽然这种活动取得了一定的成果，但是随着慈善活动的深入，各个组织之间的慈善活动越办越多，不可避免的出现无序竞争，使得原本建立在自愿和善心基础上的慈善活动沦为形式上的面子工程。盲目追求捐

① 杨丽霞等：《高校慈善文化教育问题探析》，《中医教育》2012年第5期。

赠的结果，严重挫伤了大学生的捐赠热情和慈善愿望。

第四节 制约大学生慈善文化发展的影响因素

一、制约大学生慈善文化发展的思想因素

第一，大学生慈善知识缺乏。当代大学生成长环境复杂，受到现代社会、市场经济、网络信息等因素的影响，思维和行为方式也随之发生变化。据有关调查显示，绝大部分大学生缺少专业的慈善知识，不仅对慈善政策、慈善事业运作程序和相关法律法规等了解很少，而且很多学生对慈善组织和慈善项目知之甚少。据调查问卷显示，有半数以上大学生不知道“中华慈善总会”，对于“壹基金”“春蕾计划”“微笑列车”“慈善雨水积蓄工程”等慈善组织都不了解，这些都说明大学生普遍缺乏慈善理论知识。从目前我国高校课程的设置来看，除了社会保障学和社会学等专业外，其他专业没有设置与慈善有关的课程，大学生接受不到系统、正式和规范的慈善知识教育，因此必然会出现慈善知识缺乏的状况，慈善知识欠缺必然会影响到他们对慈善的正确理解和判断，进而制约其慈善意识和慈善理念的形成。

第二，大学生慈善动机功利化。本来慈善是不带任何功利性的纯粹的爱心行为，但在市场经济背景下，个体竞争也影响了慈善活动的开展，部分学生出现社会公益责任淡化，注重个体需要而轻视社会需要，出现功利化倾向，重索取轻奉献，从而导致大学生参与慈善的积极性不高。据调查资料显示，一半以上大学生的慈善动机是为了实现个人利益，如为了评奖学金、评先进、树立良好形象等。[1]慈善是基于爱心的纯粹公益性事业，如果慈善行为出于一己私利，抹上功利主义色彩则慈

① 吴显华，欧阳凤莲：《论思想政治教育视角下大学生慈善意识的培养》，《学会》2012 年第 5 期。

善性质就变了。慈善动机是慈善行为的先导，捐赠和志愿服务意愿如果异化为攫取个人利益，则完全违背慈善的无私、自愿原则，与慈善的奉献精神相抵触。所以说，慈善动机的功利性严重制约着大学生正确慈善意识的形成。

二、制约大学生慈善文化发展的社会因素

大学生慈善文化培育并非仅仅在学校内封闭地进行，它还广泛地受到当前的政治、经济和文化等宏观环境的影响，也受到学校、家庭、社区等微观环境及外部媒介的影响。随着市场经济的发展，竞争原则打破了以往熟人交往的温情纽带，社会人际关系出现了功利取向和利益关系。而随着城市化的建设，社会群体之间的陌生感、疏离感和孤独感日益增强，严重阻碍了人们之间友爱精神的发展。

公民和企业应该是我国慈善的捐赠主体，但目前出现捐赠意愿不强、捐赠数量不多的现象。这主要表现为：人均捐款数额少，相比美国2010年人均捐款962.6美元，我国同年度人均捐款为62.7元人民币，而且我国大众并没有形成良好的慈善习惯，其慈善行为更多表现为一种“即兴慈善”，并不具有持久性。①从社会环境看，政府、媒体、社区、慈善机构等慈善教育主体对大学生慈善文化培育并不热心，对其重视程度不够，加之我国的慈善公益方面的法律法规跟现实的发展还存在着一定的差距，制度不健全，慈善组织功能定位不清晰，慈善行为和服务不规范，开放性不充分，导致慈善公信力有时出现下降，造成大学生慈善心理受到伤害，让原本热情洋溢的青年志愿者产生心理上的消极抵抗和拒绝。从家庭教育来看，家长过度关注孩子的知识学习和技能培养，不太重视孩子道德品质、人格修养、综合素质的教育。作为慈善教育的社会主体，媒体和社会公众对慈善的认识存在一定的偏见，大多数媒体对于慈善、公益方面的报道存在认识上的误区。

① 陶叡：《英美国家慈善事业模式借鉴》，《人民论坛》2014年第8期。

第九章　加强大学生慈善文化培育的对策

大学生是社会的一个特殊群体，是指接受过高等教育而还未完全走进社会的人，作为社会新技术、新思想的前沿群体、国家培养的高级专业人才，代表着国家的未来。大学生代表年轻有活力一族，是推动社会进步的栋梁之才。对大学生加强慈善文化教育可以培养大学生的慈善观念，引导大学生慈善行为，是大学生德育工作的重要一环。对大学生进行有计划的慈善文化教育，不仅有利于弘扬中国传统文化，而且有利于引导大学生形成正确的世界观、人生观和价值观，从而培养高尚的道德情操，有效地加强了大学生德育工作的可操作性。

第一节　加强大学生慈善文化的主体研究

慈善文化的主体就是慈善文化的提供者，大学是慈善文化建设的主渠道和主阵地之一，我们要以马克思主义慈善观为指导，调动各方面的积极因素，加强对大学生的慈善文化建设。

一、营造大学校园慈善文化氛围

作为高校文化建设和德育建设的重要组成部分，慈善文化同样需要科学化的管理规范来加以引导和培育。培养大学生慈善意识也不能依靠思想政治理论课单打独斗。学校相关部门要加强协作和协调，形成合力，共同营造高校校园的慈善文化氛围。①良好的文化氛围对大学生慈善心理的影响尤为重要，它往往主要通过感染、暗示、模仿等方式对大学生产生潜移默化的无意识作用，使大学生在这种环境的长期影响下中形成自己独特的个性特征和精神风貌。一所学校特定的文化氛围集中反映了该学校的历史传统、精神风貌、目标追求、价值体系等。目前大学校园环境受社会大环境的影响，出现物质主义、功利主义和利益至上的倾向，正处在世界观、人生观、价值观形成时期的大学生，尤其需要良好的文化氛围的熏陶。一种积极的慈善文化氛围，象征着一种开放包容、互助友爱、和谐共进的精神，广泛动员校内外各方面的力量，如教学部门、宣传部门、团委、学生社团以及社区、实践基地等，通过组织各种形式的慈善活动，宣传慈善榜样人物，报道慈善突出事迹，举办慈善宣传专栏，创办慈善刊物，在普及慈善知识的同时，让慈善成为大学生的一种生活态度和生活习惯，让关爱他人、奉献自己成为一种生活方式和道德自觉行为。当然，随着新媒体的发展和流行，学校也应该借助微博、微信、公益网站等媒介，扩大慈善参与群体，借助丰富多彩、健康有益的校园文化活动，通过社区和校外实践基地这些平台，使慈善活动常态化。

学校要尽量为大学生创造参与慈善活动的机会，使他们在自觉自愿参与慈善活动中树立慈善意识和信念。一方面，把做义工、志愿者等慈善活动纳入大学生综合评价体系中，丰富校园慈善文化，提高大学生德育素质和自我价值的实现。充分利用高校社团和校园主题文化活动开展慈善实践活动。高校社团组织是大学生因为共同的兴趣爱好和理想信念而结合起来的团体，具有自发性，是大学生思想政治教育的重要载体。②通过学术讲座、辩论会等动态校园主题文化活动进行慈善文化培育。对具有代表性的慈善理念、慈善人物和事迹进行宣传、报道，成立学生慈

① 陈鸿雁，魏艳：《大学生慈善意识调查研究》，《职业与培育》2013 年第 5 期。

② 张燕丽，田兆富：《浅析高校开展大学生慈善文化教育的瓶颈与策略》，《新校园》（上旬刊）2015 年第 2 期。

善社团，在学生会设立慈善部，专司慈善工作，通过社会组织学生积极开展校内外慈善活动。另一方面可利用慈善教育体验基地如养老院、福利院、残疾人就业基地提供慈善服务，通过社区服务和帮助弱势群体传递慈善正能量，定期与敬老院、福利院等慈善组织或者社区医院、社区服务组织等机构联系，给大学生提供参与慈善活动的平台和实践基地，在实际工作中提高大学生参与慈善公益事业的自觉性和积极性，使校园成为慈善文化和慈善意识培养的健康土壤。

二、提升大学教师的慈善担当

乌申斯基指出："教师个人的范例，对青年人心灵的影响是任何教科书、任何道德箴言、任何惩罚和奖励制度都不能代替的一种教育力量"。[①]大学教师是高校开展慈善文化培育的重要主体，大学教师自身对慈善的认识、对慈善文化的理解及对慈善理念的践行都对大学生产生直接影响。一方面部分专业教师从事慈善理论知识的研究、慈善专业知识的教授及学校各类公益、志愿活动的组织和策划；另一方面教师在传道授业过程中对慈善的引导和参与，无形中成为一种重要的精神力量，影响着莘莘学子。教师要注重对大学生慈善意识的培养，注意运用理论教育和启发指导相结合的教学方法，加强对社会实践活动的指导，让大学生在慈善角色的扮演中，逐步意识到自己应尽的义务和责任。

教师本身是一个具有爱心和奉献精神的职业，大学教师虽然已具备稳定的意识形态和价值观念，但在现代慈善问题的认识和把握上，还需要更多的关注社会现实，了解民生，坚守自身正确的价值观念，提高自身道德修养，将内在自觉的良善之心和仁爱之行传递给青年学生，并在言传身教过程中努力寻求各种途径培养大学生的慈善观念，这是开展慈善文化培育的思想前提。同时，大学教师需要借助慈善平台参与慈善事业和志愿服务，实践"奉献、平等、友爱、互助、进步"的志愿者精神，在慈善理念的践行及慈善责任的担当上，结合自身职业的奉献精

① 何月珠：《论高校大德育课程体系建设》，《当代教育论坛》2011 年第 4 期。

神，实现自己的人生价值，这种慈善行动的表率作用将会对大学生产生更为深刻的教育感化。

三、建立慈善引导机制和评价机制

科学、规范的规章制度是高校运行和发展的基础，大学生慈善文化是校园文化建设的一部分，同样需要制定相应的管理规范。高校行政管理者在制订和实施规章制度时，要充分认识到慈善文化培育在校园文化建设中的重要作用，考虑到慈善教育对学生成才培养的引导意义，正确认识慈善教育在整个高校文化建设和发展中的积极作用，制定科学合理的管理规范和政策导向，为鼓励与引导多种形式的慈善活动和慈善行为保留充分的发展空间。一方面立足以人为本的基本原则，坚持管理规范的约束性和灵活性，将营造和谐包容的慈善氛围、培养良好的慈善意识、引导适当的慈善行为作为规章制度的考量标准，对大学生慈善行为加以制度和规范的引导。另一方面完善管理制度，学校需要制定与慈善培育相关的规章制度，将慈善与学科建设、学生日常工作结合起来，将慈善文化逐步纳入素质教育评估体系。

将志愿服务引入思想政治道德素质评估，同时对德育课程进行改革，在课程教学中嵌入志愿服务理念，理论教学和实践教学相结合，将大学生志愿服务和义工服务纳入学分体系。通过增设大学生公益服务奖学金，将志愿服务作为评优、先进的优先考虑条件，加强对志愿服务者先进事迹和志愿组织优秀活动的宣传。对慈善行为进行宣传和褒扬是对捐赠人的一种精神鼓励，能够促使更多的人参与慈善事业。

第二节　加强大学生慈善文化的客体研究

慈善文化的客体就是慈善文化的受教育者，大学慈善文化的客体就是在校的大学生。

第一，培养大学生慈善意识。大学生慈善意识的培养是个长期的过程。它需要学校、家庭和社会三者共同的影响。慈善事业的发展，需要慈善意识作指导。现代慈善意识即“平等、互助、博爱、共享”，只有以此为基础，慈善事业才能健康发展。慈善意识是人在实践中形成的对慈善的认识、判断、了解和感知能力及由此带来的参与积极性。大学生在身心成长发育中正趋成熟，是人生观、价值观和世界观形成的时期，但仍然具有较强的塑造性。慈善文化教育能在人的心灵深处播下善良的种子，然后生根、发芽、开花、结果，抵抗外来“恶”的诱惑。慈善活动是一项非常感性的事业，需要人的情感和心灵的震撼。慈善意识的强化有助于慈善行动的转化，有助于确立大学生自觉地实践对他人的关怀和帮助，有助于提高和净化大学生内在的爱的情感，有助于构建人与人之间温馨和谐的社会关系。

慈善意识的培养具有形式多样、内容丰富等特点，要将慈善意识的培养与社会实践相结合。发挥社会实践的育人功能，加深大学生对慈善事业的理解，增强其投身慈善事业的责任感，提高大学生积极的参与意识。培养大学生慈善意识需要创新多种方式和途径，比如开展慈善文化沙龙，举办慈善摄影展、慈善征文比赛、慈善演讲比赛、慈善微电影展等。学生社团是思想政治理论课与社会实践相结合的桥梁，对大学生慈善意识的培养具有一定的教育和引导作用。目前高校有很多与慈善有关的社团，如爱心社、学雷锋社、志愿者协会等，作为大学生之间互动和交流的场所，学生社团还可加强和慈善机构的联系，为大学生创造更多慈善实践机会，引导学生创意或策划一些新的慈善文化宣传活动或者具体的慈善项目。

家庭环境对青少年的慈善意识的培养具有特殊的作用。家庭的慈善教育主要是通过家庭氛围和父母的言传身教来进行的，优化家庭氛围是借良好的家风与和睦的家庭关系为示范，创造愉悦的家庭环境。家风会影响和制约每个家庭成员的言行，而且在一定程度上还具有延续性和继承性，对后世子孙产生较大的影响。好的家风能使人精神振奋，积极进取，从而培养出具有高尚道德品质的人才。反之不良家风对大学生思想道德素质的消极影响，不利于大学生感恩和慈善意识的形成。目前，独生子女已成为现代家庭的一大特色，孩子从小生活在以自我为中心的家庭环境中，习惯接受别人的关爱，却不懂得付出爱，有些孩子甚至沉迷与网络和游戏，对待他人和社会表现出漠视和冷淡的倾向。这种家庭环境强化了孩子“自我中心”的意识，容易形成自私和功利心理，利己的意识一旦形成，往往很难纠正。所以要重视家庭的示范作用，重视家庭的慈善教育，通过多种渠道向青少年广泛宣传慈善理念，塑造慈善价值观，营造出浓郁的慈善文化氛围。①

第二，健全大学生慈善心理。大学生慈善心理是指大学生基于自身成长经历、家庭背景、社会环境、教育状况等因素对慈善问题的看法、认知、情感、态度、观念、动机、兴趣等心理反应。心理是行为的先导，对慈善心理的正确认识和把握有助于了解和规范大学生的慈善行为，有助于促进高校慈善文化健康发展。大学生处在一个特殊的阶段，自我意识、独立意识和社会责任意识显著增强，情感丰富，适合以情动情的情感教育和以德报德的道德教育。首先，应加强爱心教育、感恩教育和利他教育等主流价值观的引导和培育，强化慈善观念的认同，以积极的心理暗示引导大学生将慈善引入日常生活实践，潜移默化地渗透到大学生生活中，使慈善之举发自心愿，形成内在自觉。其次，应建立慈善心理预防机制，避免各种心理误区，比如慈善参与动机的功利主义思想，慈善手段化、工具化的负面思想等，最后，还需要借助各种平台开展对慈善心理的认识和交流，消除对于慈善、捐赠引起的利益冲突及各种错误导向，减少对于慈善问题认识的偏差。

第三，塑造大学生慈善行为。大学生慈善行为具有主观性、多样性、交互性等特点。（1）要对大学生慈善行为进行肯定，通过精神鼓励给予正面的积极评价。（2）要扩大慈善发展空间，积极鼓励和引导各种慈善行为。（3）要对大学生参与慈善活动出现的行为偏差加以矫正，防止盲目冲动带来的消极后果。

---

① 赵宝爱：《论青少年的慈善意识及其培养》，《青少年研究》2005 年第 3 期。

第三节　加强大学生慈善文化的理论和实践研究

马克思指出，“理论一经掌握，也会变成物质力量。理论只要说服人，就能掌握群众；而理论只要彻底，就能说服人。所谓彻底，就是抓住事物的根本，但人的根本就是人本身。”[①]加强大学生慈善文化建设重在理论研究，应将理论与实践相结合。

一、利用科研优势，加强慈善文化的理论研究

目前大学生对慈善文化知识的获取途径一般来自文化传播、舆论宣传、社会慈善活动等，学校慈善文化教育的滞后会直接影响大学生慈善文化知识的系统学习和慈善文化理念的养成，一定程度上也延缓慈善事业的发展进程。因此，利用科研优势，加强慈善文化的理论研究，是慈善事业发展的先导。慈善文化培育研究是一项系统工程，是一项更具公益性的教育研究，关系到教育乃至社会的整体发展，需要政府和社会各界的广泛参与，包括在政策倾向、资金投入等方面的支持。慈善文化培育的科研主要研究慈善教育的内容、途径和方法，目标是促进慈善文化培育纳入高等教育体系，具体内容包括教育框架体系的构建、教材建设及具体的教学内容、方法、计划等，促进慈善文化课程的设置，促进慈善理念的传播，培养专业的慈善人才。[②]

大学生慈善文化培育研究应该在争取政府科研经费投入的基础上，建立多元化的投入与研究机制，充分发挥政府、社会各界在教育科研经费保障中的特殊作用，采取高校教育科研部门与慈善文化机构、企事业

---

① 《马克思恩格斯选集》第 1 卷，北京：人民出版社，1972 年，第 9 页。

② 齐兰芬，王萌：《教育科研——中国慈善事业发展的先导》，《天津市财贸管理干部学院学报》2013 年第 3 期。

单位、社会团体等建立项目合作。由于慈善文化培育研究涉及慈善、教育、公益事业、社会保障等多个方面，需要多学科基础，属于多领域交叉学科。项目的研究需要构建专业的科研队伍，搭建国内外信息、学术交流平台，通过组织学术研讨会议、网络信息交流平台等渠道，加强科研信息和科研问题的交流。同时，高校还应利用自己的特殊优势加强国际学术交流合作。一方面深入开展慈善文化研究，以传播慈善理念、弘扬慈善文化、服务慈善事业为立足点，结合高校慈善工作和教学工作实际，从学科建设、公共服务、公益研究、理论实践等多方面开展研究，为慈善文化建设慈善事业发展提供理论依据；另一方面提供慈善决策咨询和志愿服务、公益服务咨询，围绕慈善事业发展的需要，积极承担慈善文化调研，公共事务、公益组织研究等工作任务，开展全方位、多层次的慈善工作指导咨询，为慈善事业的发展提供决策依据。①

二、增设慈善文化课程，与思想政治教育相结合

学校是慈善文化培育的重要阵地，慈善培育也是学校德育建设的重要内容。将慈善培育与中华民族传统美德培育结合在一起，作为开展大学生思想政治教育的重要内容。德育教育本质上是一种情感体验式培育，通过情感认知和行为学习达到言、情、行的统一。慈善文化培育属于德育范畴，德育本质上是一种情感教育，品德结构是一种以情感为核心的知情行整合结构。因此可以借鉴有效德育方法，开展学校慈善文化的体验式教育。比如邓玮的《当代大学生慈善捐赠行为与认知调查》一文中显示，感恩教育对捐赠数额与意愿的影响也比较大，表明接受过感恩教育的大学生比没有接受过感恩教育的学生的捐赠意愿要更高。②懂得感恩，才会懂得付出，才会懂得回报，感恩是一种美德，更是一种责任，对社会的责任，感恩教育的意义与作用正在于此。在特定情境中，通过体验式教育实现慈善认知、慈善情感和慈善行为的有机结合，培育

① 蓝春娣：《高校是培育与传播慈善文化的重要基地》，《当代青年研究》2013年第5期。

② 邓玮：《当代大学生慈善捐赠行为与认知调查——来自厦门大学的问卷分析》，《中国青年政治学院学报》2008年第5期。

学生的慈善品德。问题是目前还不具备相对完善的慈善专业学科，慈善课程只出现在社会保障学等学科，因此，开展专业的慈善教育势在必行。慈善文化课程的设置需要从国家、地方和学校三个层面出发，由课程理论专家、慈善理论专家、教育行政人员、教学管理人员和专业教师代表共同参与课程的设计，制定慈善文化的课程标准、教学大纲、督导标准、课程设计标准、绩效考核标准、教学条件（用品）标准等，通过课堂教学了解慈善救助的相关概念和行为等知识，了解相关法律、法规及慈善传统、社会习俗、历史发展，通过理论学习强化慈善主体所具备的道德品质和思想素质。①

关于慈善文化课程的设置，我们可以借鉴北京师范大学 EMP（国际“慈善管理硕士研究生”班）和中山大学 MPS（“公益慈善专业硕士研究生课程进修班”）。EMP 由北京师范大学中国公益研究院与美国印第安纳大学慈善学院联袂打造。EMP 是国内首个国际化慈善管理研究生教育项目，引进全球最完善的慈善教育体系，项目课程立足培育具有现代慈善理念的公益事业管理者，共设置 11 门课程（表 9-1），采用国际化教学模式，教授系统的国际慈善理念和管理知识，并提供相应的实践体系。2013 年，中山大学在民族学专业首设 MPS，开展系统的公益慈善管理教育。MPS 面向立志投身公益行业的大学毕业生，旨在培养具有社会责任感、道德行动力和社会创新能力的专业慈善人才，MPS 共设置 8 门课程（表 9-2），除了课程传授，进修班还提供讲座、沙龙、实习和海外游学等实践活动。②

表 9-1　2015 国际慈善管理 EMP 班课程设置

序号	课程
1	全球慈善发展前沿
2	慈善组织战略规划
3	慈善组织筹款学
4	慈善组织治理

① 江娜：《论大学慈善文化教育的发展模式》，《北方文学》2015 年第 11 期。
② 王振耀：《现代慈善与社会治理 2013 年度中国公益事业发展报告》，北京：社会科学文献出版社，2014 年，第 92、96 页。

续表

序号	课程
5	慈善组织人力管理
6	现代慈善与社会服务
7	慈善项目战略管理
8	社会创新与社会企业
9	慈善组织财务分析
10	海外考察或论文写作
11	慈善组织传播管理

表 9-2　2013 中山大学 MPS 班课程设置

序号	课程
1	全球慈善发展前沿
2	慈善组织战略规划
3	慈善组织筹款学
4	慈善组织治理
5	慈善组织人力管理
6	现代慈善与社会服务
7	慈善项目战略管理
8	社会创新与社会企业

高校思想政治理论课是对大学生进行思想道德教育和人文素质教育的主渠道和主阵地，同时也是普及慈善知识、培养慈善理念、养成慈善文化、引导慈善行为的重要渠道。开展慈善文化培育有利于培养学生的爱心和感恩之心，也是实施慈善行为的前提。因此，慈善文化培育与高校思想品德教育是完全一致的。可在高校思想政治理论课教学中渗透一些慈善文化培育的内容。以本科高校为例，毛泽东思想和中国特色社会主义理论体系概论、思想道德修养与法律基础和形势与政策等课程都能够很方便地渗透一些慈善知识。高校思想政治理论课教学中可融入大学生慈善意识“知、情、信、意、行”的培养，唤醒大学生感恩意识，培养大学生慈善意识，从而促进大学生素质的全面发展。首先，要开阔大学生的慈善认知视野。随着社会的不断进步，我国慈善事业也得到了很大的发展，慈善的内涵也在不断地深化，人们对慈善也随之有了新的理解和认识。引导大学生对慈善的理性认识，使学生树立正确的慈善价

值观，建立一套与之相适应的慈善价值认知体系，从而促进慈善知识的吸收和内化，这个过程的实质就是从道德他律向道德自律的转化过程。大学生不仅要学习慈善知识，还应潜移默化地将慈善知识渗透到专业学习中。

三、发展大学生志愿者和义工服务

志愿服务是志愿者通过自愿且无偿的方式为服务对象付出时间、精力和劳动、智慧，在不图任何报酬的情况下无私的参与社会生活，从事具有促进社会进步、推动人类发展的社会事业。大学生志愿服务，则是大学生参与的促进社会进步的志愿行为。由此可见，志愿服务是一种自愿的、不计物质报酬而参与的社会活动，并推动人类发展、社会进步的行为，已经成为人类社会生活的重要组成部分，体现着社会的文明进步。①

有关研究显示，志愿者具有外向性、同理心、信任、自我效能和亲社会性格。②志愿服务动机表现为学习新的知识，提高人际交往和沟通能力，性格更开朗更自信，增强社会认知能力和思想更成熟，感觉更快乐，生活更充实。就目前来看。做志愿者和义工是高校大学生慈善行为最主要的方式。通过具体实践活动来增强学生的慈善意识，这是最直接、最有效的方式。正如国学大师季羡林所言："慈善是具有广泛群众性的道德实践，慈善可以是很高的层次，无私奉献，也可以有利已的目的，比如图个好名声，或者避税，或者领导号召不得不响应；为慈善付出的可以很大也可以很少，可以是金钱也可以是时间、精神，层次很多，幅度很大，不管在什么条件下，出于什么动机，只要他参与了，他就开始了他的道德积累。"③

现代慈善的意义在于慈善理念的传播和普及，学校育人即是育心，慈善呼唤着内心对爱和善的追求，参与志愿活动既是对他人的帮助，也

① 唐靖：《大学生志愿服务研究》，天津：河北工业大学硕士论文，2013 年，第 9 页。
② 杨团：《中国慈善发展报告（2014）》，北京：社会科学文献出版社，2014 年，第 138 页。
③ 季羡林：《慈善是道德的积累》，http://www.jjmz.gov.cn/v-1-10991.aspx（2015-02-04）。

是对自身的完善，既是个体价值的实现，也是社会公平、公正的体现。志愿服务具有公益性、无偿性和组织性等特征，参与志愿活动能让大学生更多的接触社会现实，开拓社会视野，感受到奉献的价值和人生的意义。在大学生志愿服务培育中，需要加强大学生的“公民意识”“公共精神”和人文素质观的教育。志愿组织发挥社会稳定“润滑剂”的作用。目前大多数志愿组织具有自身难以克服的缺陷，比如人员素质不高、缺乏资金、人员流动频繁等问题。高校有关部门应设立推动志愿组织能力提高的培训项目，并提供相应的资金支持，为志愿组织提供领导力培训，同时可以建立志愿组织联盟，通过各高校志愿组织之间的网络，提高其工作能力，及时处理新出现的问题，促进各组织之间的合作。学校团委、团总支和社团组织应通过建立大学生志愿服务中心，对志愿者协会和爱心组织人员的志愿服务方式进行指导和培训，丰富志愿服务内容，提高志愿服务水平。

四、构建学校—慈善组织—政府协调统一机制

慈善文化建设是一个长期的过程，也是一个持久运行的机制。这需要社会各界人士的积极参与，从法律政策的完善到慈善理念的宣传，从慈善文化活动的支持到教育中强化志愿服务精神，通过大学生的志愿服务活动践行“公民意识”和“公共精神”及慈善文化体系的建设都需要政府的推动。

目前我国缺少一套科学、有效的慈善制度体系，慈善立法不完善。现实社会出现的一些慈善活动违规的现象，表明了慈善事业特别需要法制规范。慈善事业离不开政府强力支持、倡导和推动，政府的主要任务是制定慈善政策法规，支持监管慈善组织，实施社会教育动员，表彰慈善楷模，推广慈善经验。①企业也是参与慈善事业的重要主体，慈善公益事业与企业文化建设结合是现代企业发展的一个方向。慈善组织具体组织实践慈善活动，也需要加强自身建设，建立行业自

① 刘国林：《现代慈善随想录》，北京：中国社会出版社，2014年，第78页。

律，通过制度建设规范慈善组织行为，慈善组织应吸收现代企业管理思想，建立规范的财务管理和信息公开制度，自觉接受社会各界的监督，树立良好的形象。

学校在慈善文化的培育和传播过程中需要多方合作和支持，需要政府政策、资金的支持，也需要加强与慈善组织的联系，让学生通过社区慈善平台参与慈善实践活动，形成“学校—慈善组织—政府”三位一体的协调行动机制。

第四节　加强大学生慈善文化的价值研究

慈善文化是大学文化建设的重要内容，大学生慈善文化培育应与大学精神相契合，将慈善文化融入大学精神之中，大学生慈善文化培育应体现时代精神，体现现代财富观与现代慈善理念。

一、促进大学生慈善文化与大学精神相结合

所谓大学精神是指高校在自身存在和发展过程中形成的具有独特气质的文化氛围、精神气质和价值追求，它是大学文化中最核心的要素，体现了大学基本的办学宗旨和师生共同的精神追求和价值认同。大学之所以为大学，在于它是一种精神文化共同体，一所充满理想、坚持和追求真理、充满人文精神的学校，不仅会激励在校生努力学习、毕业生奋发有为，增加他们的自豪感和使命感。学校的精神氛围成为一种无形的“营养汤”，在“浸泡”和“渗透”的潜移默化中，使学生成为一个携带了学校精神的“全息细胞”，具备了独特的文化品格。将慈善文化融入大学精神，有助于实践社会关怀精神。在工业化、信息化的社会里，大学已经被越来越深入地卷进社会机器的运转之中，关注现实、服务社会成为高校的第三职能，弘扬慈善文化和慈善精神，传播慈善知识

和慈善理念，培养学生对国家、民族的责任感，培养高尚的人格和奉献精神，培育爱心、善心和正义感，在真、善、美的根本追求中实现人文精神的超越是当代高校发展的重要任务。

二、注重慈善价值观和理性财富观的建立

对于慈善价值观，中国的传统的慈善文化把慈善看作美德，从道德角度出发，把捐赠额度作为评价、认可慈善者的依据，而西方的慈善是一种责任和自觉自愿的行为。新慈善资本主义精神的要素之一是认为捐赠是一种责任，即慈善不是一种选择而是一种责任，慈善资本家说，他们的回报不是出于偿债而是出于感恩社会。①大学生慈善文化培育应尽量避免“泛道德化”的模式，注意将慈善文化内化为每一个对象的自知自觉行为。

现代财富观指以合理合法的方式获取财富，以理性的方式支配财富和使用财富，激励人们把用自己创造的财富造福人类看作最高的价值追求。②现代慈善观认为财富越多，责任越大，即财富是责任的标志。富裕人士只是财富在法律意义上的所有者。这种财富观揭示了财富的真正品格，拥有更多的财富，同时也应担当更大的社会责任。这种财富观与现代慈善理念相契合。随着经济的进一步发展，国民财富的不断积累，但国民的财富观理应跟上时代的脚步，一方面通过市场创造财富和分配财富；另一方面还需要道德的支撑和规范。因此，树立正确的慈善价值观和理性的财富观有着重要意义和非凡的价值。

现代慈善文化倡导普遍互助、博爱共享的公益价值观，慈善理念必须经过理性的过滤而内化为个体的责任、义务和使命。慈善价值观包括行为个体进行社会慈善行为的动机、目的、对社会慈善行为及其理念的认知程度等内容。因此，大学生慈善培育必须超越传统慈善文化视域中

---

①（美）马修·比索普，迈克尔·格林，丁开杰等译：《慈善资本主义：富人在如何拯救世界》，北京：社会科学文献出版社，2011 年，第 18 页。

② 姚俭建：《法治思维与慈善伦理的契合：现代慈善文化的价值取向》，《上海财经大学学报》（哲学社会科学版）2015 年第 2 期。

的施舍、恩赐等含义，挖掘建立在人格平等基础之上的互帮互助、同舟共济的协同思想，由一般意义上的贫济慈济、物质帮扶升华为更高意义上的人文关怀。

结　　语

慈善的核心是爱，是人类之爱，爱天下之人，是以仁爱之心去行善积德，对灾民、贫民及其他生活困难者进行救助的活动。慈善事业充分展示了人道主义精神，是人类文明的一种体现，在当代对社会主义精神文明建设、构建社会主义和谐社会具有很大的促进作用。近代陕西风云变幻，政局动荡，天灾频繁，兵祸连年，陕西人相互救助的同时，一些中国的、外国的、官办的、民间的慈善组织、慈善团体、慈善家满怀慈悲之心，对灾民尽力救助，促进了陕西慈善事业近代的转型，形成了丰富的慈善文化。

慈善文化促进慈善事业的发展，改革开放以来陕西已经具备了慈善事业发展的条件，我们要适时地抓住慈善事业发展的机遇，在公民慈善意识增强基础上不断实现慈善事业的经常化、规范化和社会化；在慈善组织数量增长的同时提高慈善组织效率，加强慈善组织公信力建设；加快规范慈善事业法律政策完善的步伐；在推进政府职能转变的同时，不断建立起政府与慈善组织的互动关系；发挥媒体在慈善事业中正确的宣传和监督作用。慈善事业的发展是需要以上多种因素“合力”作用的，把这些方面结合起来，推动陕西慈善事业向前发展，才能真正发挥慈善事业在促进公民社会的发展、完善社会保障体系、构建和谐社会中的作用。

大学生作为非独立的社会群体，正处于价值观的形成时期，其行为方式也受到认知和价值取向的影响而呈现多样化和个性化的特点，他们的爱心表达和慈善实践也受到各种因素的制约。大学生慈善文化教育应充分考虑这些因素，将着力点放在爱心的培育和激励上，重在心育德行，使慈善成为一种生活方式和行为习惯，爱心和善意才会自然流露。化慈善教育于生活，寓教育慈善于生活。慈善是社会个体自觉自愿做出的一种道德选择，属于社会道德范畴。乐善好施、助人为乐的社会风尚已深深融入民族的文化传统之中，这一传统中折射出来的精神观念和思维习惯又反过来自然的约束人们的行为，促使人们出于道德自愿做出更多的慈善行动，使心灵获得一种真正的满足感，产生发自内心的、真正的幸福感。通过大学生慈善文化培育，使大学校园营造出“以人文本”“助人为乐”的人文环境，让大学生在怜悯之爱和互助之爱中去感受付出和奉献的快乐，感受到人性之善和德行之美。

当然，大学生慈善文化培育是一项系统化的教育工程，只有社会、学校、家庭、大学生群体的广泛参与，慈善文化才能在高校开出真正的慈善之花。慈善事业的发展归根结底还是需要激发人们的关爱之心和强烈的社会责任感，慈善理念会导致慈善行动。我国未来慈善事业的发展，除了强化各类学校尤其是高校的慈善教育之外，还需要各项制度的不断完善，更需要社会各界的积极广泛的参与。我们相信，随着我国各项事业的不断发展，慈善教育和慈善文化的不断强化，将会促进我国社会更加文明、和谐、民主和富强。

我们相信，真正的慈善在于内心，对于弱势群体的漠视将是一个国家和民族的悲哀；愿我们都心怀善念，从自己做起，无愧于心。一个团结的、心向善的民族是打不倒的。我们祈愿：永远以善始、以善终。我们深知对民族、对国家、对社会的崇高责任，抱持一颗慈善之心永远尽忠尽职①。我们将在弘扬扶贫济困、乐善好施、尊老爱幼的传统美德的基础上，建立专业化、制度化的公益服务体系，结合慈善事业发展现状，继承和发扬优秀的民族文化传统，借鉴国外最新的研究成果，充分吸收世界优秀的文化精髓，丰富慈善文化内涵，增强慈善文化的国际影

① 郑功成，张奇林，许飞琼：《中华慈善事业》，广州：广东经济出版社，1999 年，第 3 页。

响力，积极探索高校慈善文化培育的新途径、新方法，形成新时代具有中国特色的现代慈善发展道路，这将是我们当前和未来很长一段时间内大学生慈善文化建设的奋斗目标。

参 考 文 献

一、文献类

《本年度善后救济工作计划》，《经济周报》1946年2月14日。
《对慈善家进一言》，《申报》1923年1月26日。
（晋）葛洪：《抱朴子》，北京：中华书局，1980年。
《公启》，《申报》1879年4月8日。
陕西年鉴编辑部：《陕西年鉴》，西安：陕西年鉴编辑出版社，1996—2017年。
陕西省慈善协会：《陕西慈善》，2005—2017年。
陕西省慈善协会：《陕西省慈善协会会刊》，2005—2017年。
陕西省地方志编纂委员会：《陕西省志》，西安：陕西人民出版社，2000年。
《陕西义赈会今日成立》，《申报》1920年5月31日。
《陕灾周报》，陕西省赈务会，1930—1931年。
（三国·魏）王肃：《孔子家语》，中州：中州古籍出版社，1991年。
西安市地方志编纂委员会：《西安市志》，西安：西安出版社，2002年。
杨伯峻：《春秋左传注》，北京：中华书局，2000年。
杨伯峻：《论语译注》，北京：中华书局，1980年。
杨伯峻：《孟子译注》，北京：中华书局，1982年。
周秉钧：《尚书》，长沙：岳麓出版社，2001年。

二、著作类

（美）贝希·布查尔特·艾德勒、大卫·艾维特、英格里德·密特梅尔著，金锦萍、朱卫国、周虹译：《通行规则：美国慈善法指南》，北京：中国社会出版社，2007年。
陈国庆，沈韬：《善的追求》，西安：西北大学出版社，2012年。
陈烨，刘宗华：《救灾与济贫：中国封建时代的社会救助活动（1750—1911）》，北京：中国人民大学出版社，2005年。
（日）夫马进：《中国善会善堂史研究》，北京：商务印书馆，2005年。
顾长声：《传教士与近代中国》，上海：上海人民出版社，1991年。
李文海：《世纪之交的晚清社会》，北京：中国人民大学出版社，1995年。
梁其姿：《施善与教化——明清的慈善组织》，石家庄：河北教育出版社，2001年。
刘国林：《现代慈善随想录》，北京：中国社会出版社，2014年。
刘仰东，夏明方：《灾荒史话》，北京：社会科学文献出版社，2000年。
卢汉龙：《慈善：关爱与和谐》，上海：上海社会科学院出版社，2004年。
（美）罗伯特·K.默顿著，鲁旭东、林聚任译：《科学社会学：理论与经验研究》，北京：商务印书馆，2004年。
（美）罗伯特·L.佩顿，迈克尔·P.穆迪著，郭烁译：《慈善的意义与使命》，北京：中国劳动社会保障出版社，2013年。
（美）马修·比索普，迈克尔·格林著，丁开杰等译：《慈善资本主义：富人在如何拯救世界》，北京：社会科学文献出版社，2011年。
莫文秀，邹平，宋立英：《中华慈善事业：思想、实践与演进》，北京：人民出版社，2010年。
乔志强：《中国近代社会史》，北京：人民出版社，1992年。
陕西省慈善协会：《当代慈善工作研讨文集》，西安：陕西人民出版社，2005年。
上海市慈善基金会，上海慈善事业发展研究中心：《慈善理念与社会责任》，上海：上海社会科学院出版社，2008年。
上海市慈善基金会，上海慈善事业发展研究中心：《转型期慈善文化与社会救助》，上海：上海社会科学院出版社，2006年。
沈瑜，李国军，董铁普：《慈善文化探究》，北京：中国文化出版社，2011年。

田凯：《非协调约束与组织运作——慈善组织与政府关系的个案研究》，北京：商务印书馆，2004 年。

（法）托克维尔著，董果良译：《论美国的民主》，北京：商务印书馆，1988 年。

王娟：《近代北京慈善事业研究》，北京：人民出版社，2010 年。

王卫平，黄鸿山：《中国古代传统社会保障与慈善事业》，北京：群言出版社，2005 年。

王振耀：《社会福利和慈善事业》，北京：中国社会出版社，2009 年。

夏明方：《民国时期自然灾害与乡村社会》，北京：中华书局，2000 年。

（英）休谟著，关文运译：《人性论》，北京：商务印书馆，1980 年。

徐麟：《中国慈善事业发展研究》，北京：中国社会出版社，2005 年。

徐卫华：《发展慈善事业的理念认知与行为方式》，北京：中共中央党校出版社，2006 年。

（古希腊）亚里士多德著，廖申白译：《尼各马可伦理学》，北京：商务印书馆，2003 年。

阎明复：《美国慈善事业一瞥》，北京：中国社会出版社，2001 年。

杨淦，傅钵：《漫话慈善》，北京：新华出版社，2006 年。

杨团，葛道顺：《和谐社会与慈善事业》，北京：社会科学文献出版社，2007 年。

杨团：《中国慈善发展报告（2014）》，北京：社会科学文献出版社，2014 年。

游子安：《善与人同：明清以来的慈善与教化》，北京：中华书局，2005 年。

余日昌：《中华传统美德丛书：慈善卷》，南京：南京大学出版社，2010 年。

袁林：《西北灾荒史》，兰州：甘肃人民出版社，1994 年。

（美）约翰·罗尔斯著，何怀宏、何包钢、廖申白译：《正义论》，北京：中国社会科学出版社，1988 年。

张涛，项永琴，檀晶：《中国传统救灾思想研究》，北京：社会科学文献出版社，2009 年。

赵宝爱：《慈善救济事业与近代山东社会变迁》，济南：济南出版社，2005 年。

郑功成，张奇林，许飞琼：《中华慈善事业》，广州：广东经济出版社，1999 年。

郑功成：《构建和谐社会》，北京：人民出版社，2005 年。

周秋光，曾桂林：《中国慈善简史》，北京：人民出版社，2006 年。

周秋光：《近代中国慈善论稿》，北京：人民出版社，2010 年。

朱汉国等：《走向现代化的历程（社会生活卷 1900—1949）》，北京：人民出版社，2010 年。
资中筠：《财富的归宿——美国现代公益基金会述评》，上海：上海人民出版社，2006 年。

三、期刊类

安少梅，王建军：《陕西“民国十八年年馑”巨灾的人祸因素分析》，《西安文理学院学报》2008 年第 4 期。
蔡勤禹，李元峰：《试论近代中国社会救济思想》，《东方论坛》2002 年第 5 期。
曹刚，李顺求：《社会保障和慈善救助》，《广西民族大学学报》（哲学社会科学版）2008 年第 4 期。
常锐：《论我国公民慈善意识的培养》，《扬州大学学报》（人文社会科学版）2010 年第 1 期。
陈东利，邵龙宝：《当下中国慈善文化困境与原有探析》，《兰州学刊》2011 年第 11 期。
陈鸿雁，魏艳：《大学生慈善意识调查研究》，《职业与教育》2013 年第 5 期。
单玉华：《慈善意识相对弱化及其伦理成因》，《郑州大学学报》（哲学社会科学版）2007 年第 6 期。
葛道顺：《我国慈善事业的现状和发展对策》，《新华文摘》2005 年第 10 期。
韩升：《现代大学慈善文化建设论纲》，《山东高等教育》2014 年第 3 期。
亢晓梅，齐兰芬：《学校现代慈善文化教育探讨》，《当代青年研究》2009 年第 9 期。
蓝春娣：《高校是培育与传播慈善文化的重要基地》，《当代青年研究》2013 年第 5 期。
李德民，周世春：《论近代陕西旱荒的影响及成因》，《西北大学学报》（哲学社会科学版）1994 年第 3 期。
李培林：《慈善事业在我国社会发展中的地位和作用》，《新华文摘》2005 年第 10 期。
李怡心：《关于国外慈善事业的研究综述》，《道德与文明》2006 年第 2 期。

李迎生：《加快慈善公益事业发展与构建和谐社会》，《中州学刊》2006 年第 4 期。
刘永刚：《论清代陕甘地区的慈善机构及其运作》，《延安大学学报》（社会科学版）2007 年第 3 期。
楼慧心：《马克思主义研究领域在慈善研究中的集体失语及其分析》，《人文杂志》2009 年第 2 期。
楼慧心：《如何理解马克思恩格斯关于慈善的否定性论述》，《马克思主义研究》2008 年第 12 期。
潘乾，尹奎杰：《论西方慈善文化中的理性精神》，《东北师范大学学报》（哲学社会科学版）2013 年第 6 期。
任云兰：《西方慈善救济思想在近代中国的传播与影响分析》，《天津大学学报》（社会科学版）2007 年第 9 期。
石国亮：《慈善文化进学校：意义、挑战与路线图》，《长白学刊》2015 年第 2 期。
石国亮：《论慈善与道德的关系及其他》，《浙江社会科学》2014 年第 2 期。
陶叡：《英美国家慈善事业模式借鉴》，《人民论坛》2014 年第 8 期。
王纪鹏：《慈善家朱庆澜与近代陕西的灾荒救济》，《兰台世界》2011 年第 9 期。
王卫平：《论中国传统慈善事业的近代转型》，《江苏社会科学》2005 年第 1 期。
王卫平：《论中国古代慈善事业的思想基础》，《江苏社会科学》1999 年第 2 期。
王小波：《试论普通人参与慈善事业的意义、影响因素及其途径》，《道德与文明》2006 年第 2 期。
武菊芳，薛涛：《关于我国慈善文化建设的多维思考》，《河北师范大学学报》（哲学社会科学版）2011 年第 1 期。
小隐：《辛亥元老，慈善先驱——朱庆澜将军的一生》，《档案与史学》2000 年第 3 期。
徐先凤，毕宪顺：《美国慈善与教育事业互动发展机制及对我国的启示》，《当代教育科学》2015 年第 2 期。
许琳，张晖：《关于我国公民慈善意识的调查》，《社会学研究》2004 年第 5 期。
杨守金，汪继福：《试论慈善理念的培养》，《东北师范大学学报》2006 年第 1 期。
杨守金：《发展慈善事业统筹三次分配》，《理论探讨》2005 年第 6 期。
杨志娟，杜国云：《自然灾害与近代西北荒政及社会救济》，《西北第二民族学院学报》（哲学社会科学版）2008 年第 6 期。

张德明：《英国浸礼会在近代陕西慈善事业考略》，《东方论坛》2011 年第 3 期。
张维：《慈善文化：慈善事业发展的原动力》，《成都大学学报》（社会科学版）2007 年第 4 期。
赵宝爱：《论青少年的慈善意识及其培养》，《青少年研究》2005 年第 3 期。
赵德利：《难以撼动的心塔——陕西民俗文化心理结构与社会发展关系探析》，《文艺争鸣》2004 年第 4 期。
赵永忠：《慈善事业：建设社会主义和谐社会的重要方面》，《道德与文明》2006 年第 2 期。
朱贻庭，段江波：《善心、善举、善功三者统一论中国传统慈善伦理文化》，《上海师范大学学报》（哲学社会科学版）2014 年第 4 期。

四、学位论文类

安少梅：《陕西民国十八年年馑研究》，西安：西北大学硕士论文，2010 年。
郭慧茹：《当代大学生慈善意识研究》，太原：山西大学硕士学位论文，2013 年。
黄木春：《我国慈善组织的法律地位研究》，长沙：湖南大学硕士论文，2007 年。
乐连松：《和谐社会中慈善事业发展问题研究》，哈尔滨：哈尔滨工程大学硕士论文，2007 年。
李馨：《中国特色慈善事业发展现状及对策研究》，乌鲁木齐：新疆大学硕士论文，2009 年。
屈小伟：《近代华北地区慈善事业研究》，长沙：湖南师范大学硕士论文，2010 年。
盛正子：《当代西方慈善伦理及其启示》，上海：上海师范大学硕士学位论文，2010 年。
唐靖：《大学生志愿服务研究》，天津：河北工业大学大学硕士论文，2013 年。
王长建：《当代大学生慈善行为与影响因素研究——以武汉市为例》，武汉：华中师范大学硕士学位论文，2014 年。
杨倩：《试析现阶段我国慈善事业的发展》，成都：西南财经大学硕士论文，2007 年。
张晓红：《我国当前慈善事业发展瓶颈分析及模式选择研究》，北京：北京交通大学硕士论文，2007 年。

朱娜：《中国慈善组织自主性发展研究——从与政府及公民的关系角度分析》，武汉：武汉大学硕士论文，2005年。

五、网络资源类

1. 英国全国志愿组织理事会网站：http://www.ncvo-vol.org.uk
2. 美国劝募咨询协会网站：http://www.aafrc.org
3. 香港公益金网站：http://commchest.org.cn
4. 中华慈善网：http://www.chinacharity.cn
5. 中国公益网：http://www.pubchn.com
6. 公益时报：http://www.gongyishibao.com
7. 爱德基金会：http://www.amityfoundation.org.cn
8. 唐仲英基金会：http://www.tangfoundation.org.cn
9. 宋庆龄基金会：http://www.sclf.org
10. 中国儿童少年基金会：http://www.cctf.org.cn
11. 远东慈善基金会：http://yuandong520.com
12. 陕西省慈善协会：http://www.sxcsxh.cn
13. 西安市慈善协会：http://www.xacsw.com
14. 西安市统计信息网：http://www.xatj.gov.cn
15. 施乐会，http://www.shilehui.com/Blog/blogshow-2.html
16. 福布斯中文网：http://www.forbeschina.com

附录　高校慈善文化培育现状调查问卷

亲爱的同学：

首先感谢您参与本项问卷调查。本问卷旨在了解高校慈善文化培育开展现状，探讨大学生慈善意识和慈善文化实践的发展，我们非常期待能够征得您的意见和建议。问卷调查结果仅供科研使用，我们会予以保密，请您放心作答。真诚感谢您的支持和合作！

第一部分：基本信息

1. 性别（　　）

A.男　　B.女

2. 您的专业类别（　　）

A.文科　　B.理工科　　C.经管类　　D.艺术类

3. 家庭所在地（　　）

A.城市　　B.农村

4. 生活费的主要来源（　　）

A.家庭及亲属　　B.各种助学奖学金　　C.打工兼职　　D.其他

5. 您的月生活费（　　）

A.600 元以下　　B.600—1000 元　　C.1000—1500 元　　D.1500 元以上

第二部分：慈善与慈善文化

1. 您是否经常关注有关慈善方面的事情？（　　）

A.经常　　B.偶尔　　C.不关注　　D.视情况而定

2. 您对现在社会慈善的现状满意吗？（　　）

A.满意　　B.一般　　C.不清楚　　D.不满意

3. 您对某些慈善组织，慈善活动的了解程度：

您对某些慈善组织，慈善活动的了解程度	知道	不知道
中华慈善总会		
红十字会		
壹基金		
嫣然天使基金		
希望工程		
阳光工程		
春蕾计划		
微笑列车		
学校或班级组织的“慈善一日捐”等类似慈善活动		
慈善雨水积蓄工程		

4. 您认为慈善事业的参与主体是：（　　）

A.政府　　B.企业　　C.社会团体　　D.全体公民　　E.富人

5. 慈善能够促进社会公平，缓和社会矛盾，这个观点您是否赞同：（　　）

A.非常赞同　　B.比较赞同　　C.一般

D.比较不赞同　　E.非常不赞同

6. 慈善仅仅是富人们应该做的事情，普通社会成员对慈善事业没有什么贡献：（　　）

A.非常赞同　　B.比较赞同　　C.一般

D.比较不赞同　　E.非常不赞同

7. 您对现代富豪捐款、裸捐行为的看法是？（　　）

A.大部分富豪出自真心，具有社会爱心，很有意义，赞成他们的做法

B.目的引起公众社会注意，在商业利益驱使下做出的，为获得荣

誉、知名度

C.款额流向透明度不足，假捐款

D.其他

8. 您通过哪些渠道了解慈善？（　　）

A.慈善组织　　B.学校组织的慈善活动

C.电视、广播报纸、杂志等平面媒体　　D.其他

9. 您参与慈善捐赠的动机？（　　）

A.同情心　　B.社会责任感　　C.从众心理　　D.外界压力

10. 您不参加慈善活动的原因是：（　　）

A.总觉得捐赠有虚假成分

B.不知道自己捐的钱、物品究竟用到哪里

C.经济能力有限

D.精力和时间有限

11. 您参与慈善的主要方式是什么？（　　）

A.志愿、义工服务　　B.义务捐血

C.为灾区、希望工程等捐款、捐物　　D.为病重或困难同学捐款

12. 您是否愿意捐赠，支持慈善事业？（　　）

A.非常愿意，想献爱心

B.比较愿意，有机会就会捐助

C.即使不宽裕，也力所能及的参与

D.不愿意，富人都不捐，我也不捐

13. 您觉得学校有必要宣传和组织一些有关慈善方面的知识和活动吗？（　　）

A.必要　　B.很有必要　　C.无所谓　　D.不必要

14. 如果将来您有钱了，您会从事有关慈善方面的工作或事业吗？（　　）

A.一定会　B.可能会吧　　C.无所谓　　D.不会

15. 您对当前学校在慈善方面（募捐，义务支教等等）进行的一些活动满意吗？（　　）

A.满意　　B.基本满意　　C.不清楚　　D.不满意

16. 您所在的学院或班级有没有进行有关慈善方面的培育？（　　）

A.经常有　　B.偶尔有　　C.从来没有　　D.其他

17. 您认为大学生是否有必要培养慈善意识？（　　）

A.必要　　B.很有必要　　C.无所谓，与本人无关　　D.没必要

18. 您毕业后会进行捐赠吗？（　　）

A.会，我愿意参加更多捐赠活动

B.不会，与现在相比没有任何变化

C.视收入情况而定

D.其他

19. 您认为影响大学生参与慈善事业的因素有？（多选）（　　）

A.个人经济水平

B.慈善机构繁多，效率低下

C.对公众诚信度缺乏信心

D.个人观念信仰

E.校园宣传不到位，缺少参与慈善的渠道

F.不关心，没兴趣

20. 您认为慈善活动的具体方式有：（多选）（　　）

A.捐款捐物　　B.志愿服务　　C.义工

D.社会救助　　E.精神上关心他人　　F.其他

21. 您愿意通过哪种方式参与新型慈善活动？（多选）（　　）

A.通过 QQ、微信等发送、转发、回复慈善相关即时消息

B.通过网站点击慈善活动新闻、主题活动等

C.通过网络购买东西捐赠

D.其他

22. 您赞同以下哪些慈善观念？（多选）（　　）

A.慈善在于奉献、付出，不求回报

B.慈善教育要从孩子抓起，慈善也是一种文化

C.慈善应融入每个人的生活

D.慈善不应只是富人的事情，而应成为每个人的爱心体现，是每个人的责任

23. 您所在学校、班级目前已开展或正在开展的慈善活动有：（多选）（　　）

A.组织慈善捐赠　　B.志愿者活动

C.成立慈善义工队　　D.组织慈善义卖

E.建立慈善爱心屋　　F.开展慈善先进人物评选

24. 您参加过哪些慈善机构组织的慈善活动：（多选）（　　）

A.学校组织的　　B.自发组织的　　C.社区慈善组织

D.中国慈善总会　　E.其他

25. 您认为慈善精神是什么？（多选）（　　）

A.平等　　B.博爱　　C.利他

D.公民意识　　E.正确的财富观

26. 您认为志愿者精神在于：（多选）（　　）

A.社会责任意识　　B.关怀意识　　C.参与意识　　D.其他

27. 您认为高等院校开展慈善文化培育的影响在于：（多选）（　　）

A.提高社会责任感　　B.学会关爱他人

C.学会感恩　　D.将利他精神贯穿于自己的学习、生活

28. 您希望学校慈善文化培育内容应包含？（多选）（　　）

A.组织形式多样的慈善活动　　B.慈善文化课程培育

C.介绍慈善理论知识　　D.有关慈善法律法规

29. 您对学校慈善文化建设有何建议？

后　记

慈善事业是指众多的社会成员建立在自愿基础上所从事的一种无偿的、对不幸无助人群的救助行为。陕西历史文化悠久，民风淳朴向善，朱熹说："雍州土厚水深，其民厚重质直。"顾炎武也指出："秦人慕经学、重处士、持清议，实他邦少有。"自古就邻里相望，互助互爱。近代以来，陕西政局动荡，天灾频繁，兵祸连年，陕西人不仅自救，而且救济他人；各类慈善组织、慈善家客观上推动了近代陕西的社会发展，唤醒了道德良知，利于社会和谐发展，也致使民间慈善与政府主导的官办慈善一面相辅相成；一面渐趋专业，走向分离，推动了陕西近代慈善事业的发展，并对当时的社会产生了重要的影响和作用。改革开放以来，陕西慈善事业得到了蓬勃发展。慈善文化是慈善事业赖以发展的基础，慈善事业的发展离不开慈善文化的普及，大学生是祖国的未来，对当代大学生开展慈善文化的熏陶培育，对于塑造当代大学生内化于心的品格特质和外化于行的高尚生活方式和行为方式，对促进慈善事业发展、构建社会主义和谐社会和社会主义精神文明建设具有重要意义。

为此，我们从 2011 年起，先后申请并得到了西安理工大学校基金"陕西省慈善事业现状和发展研究"（项目编号：110-211003）、陕西省教育厅人文社会科学专项"近代陕西慈善事业研究"（项目编号：11JK002）、"陕西省民营企业慈善文化建设研究"（项目编号：

13JK0060）、西安市社科基金“西安市慈善事业现状和发展研究”（项目编号：12S23）、陕西省教育厅哲学社会科学重点研究基地项目“当代大学生慈善文化及教育研究”（项目编号：15JZ043）等资助，在这期间，我指导的硕士研究生魏宇以《陕西省慈善事业现状及发展研究》、闫颖以《近代陕西地区慈善事业研究》、徐莎莎以《西安市民营企业慈善文化建构研究》、江娜以《高校慈善文化培育研究》为题先后毕业。

在研究的过程中，我们日渐感到陕西慈善事业历史悠久，特别是近代以来陕西慈善事业在向近代转型中富有地方特色，积累了丰厚的慈善文化，这一文化对于我们今天高校慈善文化培育具有重要意义。为此，将近几年关于慈善事业和慈善文化的研究以《陕西慈善事业发展与当代大学生慈善文化培育研究》为题进行梳理，其中陕西近代慈善事业由闫颖收集整理，当代大学生慈善文化培育的现状与对策由江娜整理，硕士研究生魏宇、马启慧、王敏静、史煜也参加了相关资料收集整理，任伟副教授在课题的规划和研究中，也提供了宝贵的意见，在此一并致谢。

本课题研究中还得到了陕西省慈善协会、西安市慈善会的关注和鼓励，西安理工大学马克思主义学院给予了一贯的包容和支持。

总之，慈善事业是一种有益于社会与人群的社会公益事业，是政府主导下的社会保障体系的一种必要的补充。慈善事业的发展有赖于良好的慈善文化，但愿这本小书能够为新时代中国特色社会主义慈善事业和慈善文化的发展做点贡献。

王长坤

2019年3月12日于古城西安